Visão de um povo sobre as origens da vida

Pedagogia bíblica da segunda infância

SAB – Serviço de Animação Bíblica

Visão de um povo sobre as origens da vida

Pedagogia bíblica da segunda infância

Dados Internacionais de Catalogação na Publicação (CIP)
(Câmara Brasileira do Livro, SP, Brasil)

Visão de um povo sobre as origens da vida : pedagogia bíblica da segunda
infância / Serviço de Animação Bíblica. -- São Paulo : Paulinas, 2020.
256 p. (Bíblia em comunidade : Série Recursos Pedagógicos 4.2)

Outros autores: Romi Auth, Maria Aparecida Duque, Maria Natália Duque
Caldeira, Maryanne França Rodrigues, Edinaldo Medina Batista
ISBN 978-85-356-4605-4

1. Bíblia : Estudo e ensino 2. Bíblia : Uso por crianças 3. Palavra de Deus : Pedagogia
4. Vida cristã 5. Bíblia. A.T. Gênesis - Estudo e ensino - Crianças I. Serviço de Animação
Bíblica - SAB II. Auth, Romi III. Duque, Maria Aparecida IV. Caldeira, Maria Natália
Duque V. Rodrigues, Maryanne França VI. Batista, Edinaldo Medina VII. Série

20-1469   CDD 220

Índice para catálogo sistemático:
1. Pedagogia bíblica : segunda infância   220

Angélica Ilacqua – Bibliotecária – CRB-8/7057

Equipe responsável pela redação: Romi Auth, fsp, Maria Aparecida Duque,
Maria Natália Duque Caldeira, Maryanne França Rodrigues e
Edinaldo Medina Batista

Direção-geral:	*Flávia Reginatto*
Editora responsável:	*Vera Ivanise Bombonatto*
Copidesque:	*Ana Cecilia Mari*
Coordenação de revisão:	*Marina Mendonça*
Revisão:	*Sandra Sinzato*
Gerente de produção:	*Felício Calegaro Neto*
Capa:	*Edinaldo Medina Batista*
Diagramação:	*Tiago Filu*

1ª edição – 2020

SAB – Serviço de Animação Bíblica
Av. Afonso Pena, 2142 – Bairro Funcionários
30130-007 – Belo Horizonte – MG
Tel.: (31) 3269-3737 / Fax: (31) 3269-3729
E-mail: sab@paulinas.com.br

Paulinas
Rua Dona Inácia Uchoa, 62
04110-020 – São Paulo – SP (Brasil)
Tel.: (11) 2125-3500
http://www.paulinas.com.br – editora@paulinas.com.br
Telemarketing e SAC: 0800-7010081

©Pia Sociedade Filhas de São Paulo – São Paulo, 2020

Sumário

Orientações práticas para a educadora ou o educador da fé...... 7

Apresentação 9

Introdução 15

1. Elementos da psicopedagogia infantil de 8 a 12 anos 19

2. Metodologia para os encontros com crianças
de segunda infância 39

3. Introdução ao mito 45

4. A criação em sete dias (Gn 1,1–2,4a) 55

1º tema:
"No princípio, Deus criou o céu e a terra" (Gn 1,1);
"Deus abençoou o sétimo dia e o santificou,
pois nele descansou..." (Gn 2,3) 63

5. A consciência do limite humano e o respeito ao
espaço vital (Gn 2,4b–3,24) 81

2º Tema:
"Deus plantou um jardim em Éden" (Gn 2,8) 99

3º Tema:
"A mulher tomou do fruto da árvore, comeu e deu-o
ao seu marido" (Gn 3,6) 115

6. Caim, irmão de Abel (Gn 4,1-16) 127

4º Tema:
"Abel, irmão de Caim" (Gn 4,2) 137

7. Genealogias: preocupação com a unidade, identidade e continuidade do povo (Gn 4,17-26; 5,1-32; 10,1-31; 11,10-32) 147

5º Tema:
"A duração da vida de Matusalém foi de novecentos e sessenta e nove anos" (Gn 5,27) 153

8. Dilúvio: Inundação das águas e uma nova criação (Gn 6,1–9,17) 173

6º Tema:
"Vou enviar o dilúvio sobre a terra" (Gn 6,17; 7,22) 181

7º Tema:
"Estabeleço minha aliança convosco... Eis o sinal da aliança... Os filhos de Noé, que saíram da arca: Sem, Cam, Jafé" (Gn 9,11.18) 195

9. Línguas diferentes: a torre de Babel (Gn 11,1-9) 205

8º Tema:
"Todo o mundo se servia de uma mesma língua" (Gn 11,1) 209

10. Abraão é uma benção para a humanidade (Gn 12,1-9) ... 227

9º Tema:
"Sai da tua terra... e vai para a terra que eu te mostrarei... Eu te abençoarei. Sê uma bênção!" (Gn 12,1-2) 235

Conclusão 247

Bibliografia da psicopedagogia das idades 249

Bibliografia Bíblica 251

Orientações práticas para a educadora ou o educador da fé

- Fazer uma leitura atenta de todo o texto para conhecer a proposta.

- Estudar, de modo especial, a psicopedagogia das idades para adequar as atividades às características e ao perfil do grupo.

- Estudar o novo olhar sobre as Escrituras para assimilar uma nova visão sobre Gênesis 1–12.

- Após a escolha das atividades de cada encontro, providenciar e preparar o material para ser aplicado.

Acima de tudo, *muito amor* às pessoas, a Deus e à sua Palavra!

Votos de fecunda missão!

Apresentação

A iniciativa de trabalhar a Bíblia desde a tenra idade nasceu do interesse de pessoas que desejavam fazer uso dela na formação bíblica de crianças, pré-adolescentes e adolescentes, mas não tinham uma preparação específica para lidar com essas faixas etárias. Apesar de todo esforço que existe nas instituições, nos movimentos e nas comunidades, no sentido de qualificar pessoas para esse ensino, constata-se, ainda, uma grande carência, em quase todas as comunidades, na preparação de pessoas para trabalharem a Bíblia de forma libertadora, nas faixas etárias infantojuvenis.

O curso "Bíblia em Comunidade", oferecido pelo Serviço de Animação Bíblia, prepara pessoas para trabalharem a Bíblia com adultos. Desde o ano 2007, foi constituída uma equipe com pessoas preparadas no campo da psicologia, pedagogia, literatura e arte, Bíblia e catequese, para trabalhar Gênesis, capítulos 1 a 12, com crianças pré-adolescentes e adolescentes, tendo por objetivo atender a essa demanda. O desafio estava lançado.

Educar para o pensar

A equipe do SAB, então, buscou quem oferecesse a possibilidade de uma formação sistemática, a partir da psicopedagogia das idades, o estudo dos conteúdos bíblicos para crianças, pré--adolescentes e adolescentes, mas nada encontrou na área. Foi-lhe indicado o Centro Brasileiro de Filosofia para Crianças, que desenvolve um trabalho muito interessante no campo da educação para o pensar. É claro que o interesse imediato da equipe não era o conteúdo filosófico e sim o bíblico. Contudo, a metodologia de como o conteúdo filosófico era ensinado, poderia ser inspiradora

Visão de um povo sobre as origens da vida

para a equipe trabalhar o conteúdo bíblico de forma apropriada, consciente, responsável e libertadora.

A equipe enfrentou o desafio com a motivação de oferecer uma ajuda aos educadores da fé, a partir da Bíblia, para:

• promoverem uma reflexão com as crianças, pré-adolescentes e adolescentes, de forma criativa e participativa, para torná-los agentes na construção do próprio saber bíblico;

• proporcionar-lhes momentos intensos de vivência e reflexão, para alimentarem, de forma consciente, a própria fé e se tornarem cristãos comprometidos e responsáveis.

A escolha de Gênesis, capítulos 1 a 12

A escolha dos primeiros capítulos do livro de Gênesis foi proposital, porque a sua leitura e interpretação na Igreja e na sociedade atual determinam, de certa forma, a visão de Deus, do mundo, da humanidade, das relações interpessoais e, sobretudo, de gênero. O ensinamento religioso, dado de 8 a 12 anos, pode exercer maior influência no comportamento das crianças, por elas assimilarem e internalizarem, com facilidade, atitudes, gestos e palavras dos adultos, pois não têm ainda uma consciência crítica, e isso pode condicioná-las pelo resto da vida, se não houver uma reorientação adequada e atualizada na leitura bíblica.

A série "Recursos pedagógicos" apresenta diferentes ferramentas necessárias para o desenvolvimento eficiente da missão da educadora e do educador da fé a partir da Bíblia. Entre essas ferramentas, encontra-se a pedagogia bíblica, que, em três livros, desenvolve, segundo a psicopedagogia das idades, o conteúdo bíblico de Gênesis 1 a 12. A escolha dos temas desses capítulos de Gênesis corresponde à realidade que a criança, na pré-adolescência e adolescência, vive. Veja, em seguida, a indicação dos temas que serão trabalhados no Livro de Gênesis, do capítulo 1 até o 12, nos três livros de pedagogia bíblica.

10

Apresentação

Gênesis para a primeira infância

Na fase inicial da primeira infância, os pais, a educadora ou o educador da fé, encontram orientações na introdução à psicopedagogia das idades, no primeiro capítulo do 1º volume: *E Deus viu que tudo era bom*. Nesse primeiro capítulo de Gênesis, são oferecidos sete encontros – para serem trabalhados com crianças entre 4 e 7 anos – preparados dentro de uma metodologia criativa e participativa, com um novo olhar sobre as Escrituras. Neles, a criança é envolvida nos cinco sentidos para construir o seu conhecimento bíblico. Gênesis 1,1–2,4a foi subdividido em sete temas, conforme os elementos que foram criados em cada dia.

- 1º tema: "Deus fez o dia e a noite" (Gn 1,1-5);

- 2º tema: "Deus separou as águas de cima das águas de baixo" (Gn 1,6-8);

- 3º tema: "Deus fez árvores, flores e frutos" (Gn 1,9-13);

- 4º tema: "Deus fez os luzeiros e as estações" (Gn 1,14-19);

- 5º tema: "Deus fez os animais pequenos e grandes" (Gn 1,20-23);

- 6º tema: "Deus fez o homem e a mulher" (Gn 1,23-31). "E Deus viu que tudo era muito bom!";

- 7º tema: "Deus descansou no sétimo dia" (Gn 2,1-4a). "Deus sentou-se e contemplou, maravilhado, a beleza de sua obra!"

Gênesis para a segunda infância

A criança na segunda infância, entre 8 e 12 anos, gosta de livros e se interessa pela leitura. Quer ler tudo o que lhe cai sob os seus olhos. Daí a importância de despertar nela a curiosidade

Visão de um povo sobre as origens da vida

pelas histórias bíblicas. Nessa faixa etária, serão trabalhados os seguintes temas de Gênesis 1 a 12:

- 1º tema: "No princípio, Deus criou o céu e a terra" (Gn 1,1); "Deus abençoou o sétimo dia e o santificou, pois nele descansou..." (Gn 2,3);

- 2º tema: "Deus plantou um jardim em Éden" (Gn 2,8);

- 3º tema: "A mulher tomou do fruto da árvore, comeu e deu-o ao seu marido" (Gn 3,6);

- 4º tema: "Abel, irmão de Caim" (Gn 4,2);

- 5º tema: "A duração da vida de Matusalém foi de novecentos e sessenta e nove anos" – o significado da longa vida dos patriarcas antes do dilúvio (Gn 5,27);

- 6º tema: "Vou enviar o dilúvio sobre a terra" – as águas que salvam e destroem (Gn 6,17; 7,22);

- 7º tema: "Estabeleço minha aliança convosco... Eis o sinal da aliança... Os filhos de Noé, que saíram da arca: Sem, Cam, Jafé" (Gn 9,11.18);

- 8º tema: "Todo o mundo se servia de uma mesma língua" (Gn 11,1);

- 9º tema: "Sai da tua terra... e vai para a terra que eu te mostrarei... Eu te abençoarei. Sê uma bênção!" (Gn 12,1). Deus renova o dom da vida na promessa da descendência.

Gênesis para pré-adolescentes e adolescentes

Os temas bíblicos na fase da pré-adolescência e adolescência foram escolhidos pelas características que se revelam na faixa etária de 13 a18 anos:

- 1º tema: "Deus abençoou o sétimo dia e o santificou, pois nele descansou..." (Gn 2,3);

12

Apresentação

- 2º tema: "O Senhor Deus tomou o homem e o colocou no jardim para o cultivar e o guardar..." (Gn 2,15).

- 3º tema: "E quem te fez saber que estavas nu? Comeste, então, da árvore que te proibi de comer?" (Gn 3,11).

- 4º tema: "O Senhor disse a Caim: 'Por que estás irritado e por que teu rosto está abatido?'" (Gn 4,6);

- 5º tema: "Deus deu-lhe o nome de Noé, porque, disse ele, 'este nos trará, em nossas tarefas e no trabalho de nossas mãos, uma consolação...'" (Gn 5,29);

- 6º tema: "Porei o meu arco na nuvem e ele se tornará um sinal de aliança entre mim e a terra" (Gn 9,13);

- 7º tema: "Uma descendência nasceu também a Sem, pai de todos os filhos de Héber, e irmão mais velho de Jafé" (Gn 10,21);

- 8º tema: "Vinde! Desçamos! Confundamos a sua linguagem para que não se entendam mais uns aos outros" (Gn 11,7);

- 9º tema: "O Senhor disse a Abraão: 'Sai da tua terra, da tua parentela e da casa de teu pai, para a terra que eu te mostrarei'" (Gn 12,1). "A fé de Abraão perpetuou o seu nome na história do povo de Deus."

Experimente!

Introdução

As crianças da segunda infância, de 8 a 12 anos, já sabem ler bem, gostam de ouvir histórias, e, de modo especial, se interessam pelas histórias bíblicas. Nesta proposta vamos iniciar com as histórias das origens da vida no planeta Terra, desde o primeiro capítulo do livro de Gênesis até o capítulo doze, quando começa a história do povo de Deus com o patriarca Abraão. Este conteúdo foi trabalhado tendo presente a psicopedagogia das idades.

O respeito às condições das crianças da primeira e segunda infância e da pré-adolescência requer cuidado no uso da linguagem apropriada, das atividades oferecidas, respeitando as faixas etárias de 0 a 18 anos. Essa orientação é dada para a educadora ou o educador da fé por meio da psicopedagogia das idades no *primeiro capítulo*. A primeira infância, de 0 a 7 anos, foi trabalhada no primeiro volume da série "Recursos pedagógicos": *E Deus viu que tudo era bom!*

Tudo isso é abordado dentro de uma metodologia adequada a cada faixa etária no *segundo capítulo*, de acordo com os interesses de cada fase. Todos os passos iniciam o encontro com a *sensibilização*, para despertar na criança interesse e curiosidade sobre o tema; o *diálogo interativo*, onde são desenvolvidas três propostas: a leitura do texto bíblico, o levantamento de perguntas por parte das crianças sobre o texto, ou ao autor do texto, e o debate sobre estas questões. Para ajudar a educadora ou o educador, há sugestões de questões sobre a compreensão do texto, a interpretação e a atualidade relacionada ao conteúdo bíblico.

No *terceiro capítulo* há uma introdução ao mito para melhor compreensão do texto bíblico de Gênesis 1,1–11,32, cujas narrativas carregam um fundo mitológico. Entender a preocupação

Visão de um povo sobre as origens da vida

que move os autores dos mitos é compreender as angústias em que vivem os seres humanos, diante do desconhecimento de suas origens e de não saberem o que acontece depois de sua morte, já que o seu desejo é viver eternamente.

O texto bíblico a ser trabalhado no *quarto capítulo* é o Gênesis 1,1-2,4a, que oferece um novo olhar sobre a criação. A razão que move o grupo sacerdotal, ao descrever o que ocorre nesses sete dias, é chegar ao seu ápice, ou seja, o sábado: "No princípio, Deus criou o céu e a terra" (Gn 1,1); "Deus abençoou o sétimo dia e o santificou, pois nele descansou..." (Gn 2,2-3).

A consciência do limite humano e o respeito ao espaço vital próprio dos outros de Deus e da natureza são condições indispensáveis para viver em aliança com Deus na harmonia, igualdade e justiça. Esse é o *quinto capítulo* do livro. O enfoque do estudo de Gênesis 2,4b–3,24 retoma a criação da natureza, em especial a criação do homem e da mulher, o seu convívio harmonioso no paraíso, o desrespeito ao interdito de Deus, o castigo e a expulsão do Jardim de Éden. O tema específico trabalhado com as crianças é: "O Senhor Deus plantou um Jardim em Éden" (Gn 2,8). O segundo tema: "A mulher tomou do fruto da árvore e comeu. Deu-o também ao seu marido" (Gn 3,6). O interdito de Deus é de não comerem do fruto da árvore do conhecimento do bem e do mal. A obediência ou a desobediência são formas de acolher ou desrespeitar os ensinamentos ou interditos dados pelos pais ou responsáveis pelas crianças.

No *sexto capítulo*, sob o tema de Caim e Abel, há ruptura da aliança em Gênesis 4,1-16. Diz o texto que: "O homem conheceu Eva, sua mulher; ela concebeu e deu à luz Caim e disse: 'Adquiri um homem com a ajuda do Senhor'. Depois ela deu também à luz Abel, irmão de Caim. Abel tornou-se pastor de ovelhas e Caim cultivava o solo" (Gn 4,2). Como Deus se agradou da oferta de Abel e não da de Caim, nasce o ciúme, que chegou ao extremo com a morte do irmão Abel. Esse texto pode ser lido

Introdução

sob diferentes enfoques: social, psicológico, religioso e outros, considerando-se o tema: "Abel, irmão de Caim" (Gn 4,2).

Segundo a tradição bíblica, a procriação começa fora do paraíso e vai crescendo com a descendência dos patriarcas que nasceram antes e depois do dilúvio. Chama atenção do leitor o elevado número de anos dos patriarcas, antes da invasão das águas e o decrescer do número de anos, após o dilúvio. O autor dá a entender que o crescimento da maldade faz decrescer o número de anos antes do dilúvio. O *sétimo capítulo* trata das genealogias. É possível que tenha existido um homem que vivesse 969 anos sobre a face da terra? E, no entanto, a Bíblia afirma: "Toda a duração da vida de Matusalém foi de novecentos e sessenta e nove anos, depois morreu" (Gn 5,27).

O dilúvio é visto como se Deus lavasse a terra, varrendo dela toda a maldade humana (Gn 6,5–9,17). Depois da destruição, Deus se arrependeu do que fez e começou uma nova criação com Noé e sua família, porque ele era um homem justo, andava com Deus. Mas o povo de Sodoma era um povo infiel, cuja maldade era grande, por isso, Deus disse: "Vou enviar o dilúvio sobre a terra" (Gn 6,17; 7,22), este é o primeiro tema do *oitavo capítulo*. Deus, porém, se arrependeu e selou uma aliança, que será o segundo tema: "Estabeleço minha aliança convosco... Eis o sinal da aliança... o arco-íris... Os filhos de Noé, que saíram da arca são: Sem, Cam e Jafé" (Gn 9,11.13.18).

Os povos de *Senaar* tinham a convicção de ter todas as condições para realizar os seus sonhos de grandeza, construindo uma torre muito alta, que chegasse aos céus. Mas seus sonhos ruíram no meio do caminho. Deus não participava de seus ambiciosos projetos descritos na narrativa da "Torre de Babel" (Gn 11,1-9), O *nono capítulo* do livro é sobre o tema: "Todo o mundo se servia de uma mesma língua e das mesmas palavras" (Gn 11,1). O que significa essa uniformidade, contestada pelo autor bíblico?

Pois, queriam prescindir de Deus, construindo uma cidade e uma enorme torre.

O *décimo e último capítulo* é sobre o patriarca Abraão. Deus o chamou de Ur dos Caldeus, na Mesopotâmia, para dar início a um grande povo. Fez com ele uma aliança, prometendo-lhe uma terra, descendência tão numerosa quanto as estrelas do céu e a areia do mar, dando-lhe um grande nome. Ele começa a sua viagem seguindo a voz do Senhor e se estabelece na terra de Canaã, que lhe foi dada por Deus para os seus descendentes, os israelitas. O tema é: "Sai da tua terra... e vai para a terra que eu te mostrarei... Eu te abençoarei. Sê uma bênção!" (Gn 12,1). Abraão entrou no projeto de Deus, ele o assumiu e se tornou uma bênção para Israel e todas as nações. E, desse modo, tornou-se o pai da fé do povo de Deus.

Desses doze capítulos iniciais do livro de Gênesis, foram extraídos *nove temas* que melhor respondem aos interesses dessa faixa etária. Cada um desses temas foi desenvolvido com atividades e reflexões com as crianças em aproximadamente duas horas; mas isso não impede que a educadora ou o educador da fé queira subdividir o mesmo tema em um ou mais encontros, ou mesmo escolher com seu grupo outros enfoques dentro do mesmo tema.

1.
Elementos da psicopedagogia infantil de 8 a 12 anos

Introdução

A posse de conhecimento básico sobre o desenvolvimento do ser humano é um dos instrumentos indispensáveis para quem trabalha ou pretende trabalhar na formação dessa faixa etária. Dimensionar e respeitar os aspectos psicológicos, socioafetivo, programático e metodológico do ensino-aprendizagem é de fundamental importância, porque há que se adequá-los às necessidades, às possibilidades e aos interesses do(a) aprendiz e interligá-los aos temas e conteúdos adequados à formação ética, moral e religiosa do ser que aprende. É preciso que a educadora ou o educador tenha conhecimento do processo da aprendizagem, adequando-o ao tempo e ritmo necessários ao educando. A faixa etária entre 8/12 anos é, para a criança, o tempo em que ela inicia a socialização; ela começa a se preparar para cumprir seu papel social. É o tempo das mudanças.

Com este segundo livro *Visão de um povo sobre as origens da vida* – da coleção "Bíblia em Comunidade" –, nós, educadores da fé, teremos oportunidade de relembrar a nossa prática educacional com uma visão psicopedagógica mais voltada para a formação bíblica em cada uma dessas faixas etárias. Como já vimos nas etapas anteriores, desejamos que essa educação para a fé, que se iniciou desde a vida intrauterina, continue orientando a criança na busca do sentido essencial de sua vida e na participação ativa da transformação da sociedade à luz dos valores humanos e cristãos.

A criança aos 8 anos

A criança de 8 anos vive um momento muito significativo porque ela começa a se perceber como diferente no grupo de iguais. Seu horizonte vivencial se alarga para além do mundo familiar. Se antes acreditava que o mundo existia em torno dela, agora já se percebe no mundo e já não se sente mais o centro de tudo. Ela está mais receptiva para aceitar o outro, para fazer amizades. O coleguismo começa a ter mais sentido, e a presença dos colegas mais próximos torna-se uma necessidade. Na escola, começa a trabalhar em grupos com mais facilidade e frequência; a relação professor(a)/aluno(a) já vai diminuindo em sua maternagem. Amplia-se, assim, a socialização.

É importante ressaltar que as preferências nessa relação de amizade ainda estão ligadas a amizades com os pares de igual gênero: meninas com meninas e meninos com meninos, com características e interesses comuns. Nesses grupos, são estabelecidas normas rígidas advindas de conceitos morais e sociais passados pela família. Desaparece a linguagem egocêntrica e a criança se torna capaz de compreender o ponto de vista de outros, escutá-los, discutir, conversar, comunicar-se. Partilha, com tranquilidade, seus brinquedos, abrindo, assim, possibilidades para sua atuação no campo da cooperação social.

Pensamento reversível

Na área cognitiva, o pensamento está se desenvolvendo com maior flexibilidade. É mais maleável e mais reversível, mas suas operações mentais ainda são realizadas a partir de objetos concretos e situações reais. É importante observar que, nessa idade, a criança ainda não pensa em termos abstratos nem raciocina a respeito de proposições verbais ou hipotéticas; por isso, apresenta dificuldades em raciocínios orais. Enquanto o

Elementos da psicopedagogia infantil de 8 a 12 anos

pensamento não é reversível, ele não é operatório; não tem flexibilidade para admitir as transformações. E o que caracteriza essa *reversibilidade* é a flexibilidade mental ou a capacidade que a criança tem de refazer o que foi desfeito, descobrindo que um objeto pode ser modificado sem que seja alterada a sua quantidade. Por exemplo: com o pensamento reversível, a criança percebe que determinada quantidade de argila pode ser dividida em várias bolinhas, mas continua com a mesma quantidade de massa. Em etapas anteriores, a criança não tem essa impressão de *conservação da substância* e acredita que, pelo fato de ter muitas bolinhas, a quantidade de substância aumentou.

Outra importante característica que determina essa faixa etária é marcada pela entrada da criança na fase da latência sexual, que se inicia aos 6/7 anos de idade. Sigmund Freud (1856-1939), médico, neurologista e importante psicólogo austríaco, influenciou, consideravelmente, a psicologia social contemporânea. Seus estudos são anteriores à teoria do desenvolvimento cognitivo de Jean Piaget. Ele destaca, em suas pesquisas, a importância das fases evolutivas da afetividade como um dos aspectos básicos de sua teoria psicanalítica, porque a criança que participa das atividades familiares, que se relaciona socialmente, que é capaz de amar e de odiar, é a mesma que pensa, compreende, aprende e faz.

Daí a necessidade da fusão da psicogênese (teoria do desenvolvimento cognitivo) com a psicanálise (teoria do procedimento investigativo dos processos mentais). Freud teoriza que, nessa fase da *latência sexual,* a sexualidade é abafada e deslocada para outras práticas com interesses mais direcionados para as atividades sociais, lúdicas e intelectuais, possibilitando uma ótima prontidão para iniciar o processo de aprendizagem sistematizada e a aquisição gradual de valores e habilidades. Nesse período, há um adormecimento das fases anteriores (oral, anal, fálica) e a criança vai substituindo o pensamento mágico pelo

Visão de um povo sobre as origens da vida

pensamento lógico. Com essa aquisição, ela passa a se expressar por meio de diálogos e sente necessidade de explicar, logicamente, suas ideias. Ela está com suas estruturas mentais livres para "o aprender". Compreende e elabora tudo o que vivencia e lhe é ensinado.

No que se refere ao *desenvolvimento físico*, ela é muito ativa; sua dentição está mudando desde os 5/6 anos, o que pode trazer consequências como: *bullying* e problema de linguagem e escrita. O seu crescimento esquelético é relevante e se calcifica com intensidade. A etapa motora se aproxima da *etapa da maturidade* e permite a algumas crianças a capacidade de realizar esportes tradicionais. Essa capacidade para o esporte as fará se interessar mais ou menos por ele no futuro.

Novas necessidades vão surgindo e novas potencialidades vão despertando. Com 8 anos, a criança já é capaz de escutar e também de respeitar as regras, controlar seus desejos. Adquire noção de tempo, espaço e necessita de regras e de limites. Possui já o sentido de justiça bastante desenvolvido. Inicia-se o período da *semiautonomia* e ela já começa a organizar seus próprios valores morais. Se antes ainda considerava bastante as opiniões e ideias dos adultos, agora passa a questioná-las e pode até confrontar-se com elas. Descobre também as questões do mundo adulto como a mentira, a culpa, a morte e, ainda, compreende melhor as regras sociais.

A criança começa a expressar juízos de valor e a se preocupar em saber se o que fez foi bom ou ruim. Ela não tem muito claro o que é justiça, mas pode distinguir um ato justo de um ato injusto. Se pratica ou sofre injustiça, tem condições de reconhecê-lo. O senso de justiça está entre os primeiros valores morais que se formam. Interessa-se, principalmente, pelo "como" e "por quê?" e começa a estar consciente na causa e no efeito. Se a fase anterior, *a da heteronomia,* foi bem conduzida, com respeito mútuo, sem punições violentas, com diálogos, afeto e firmeza, a criança

22

evolui, progressivamente, para a *autonomia*, que se desenvolve a partir dos 12 anos.

Os pais ou responsáveis vão deixando de ser, prioritariamente, autoridade e passam a compartilhar interesses comuns, e essa autoridade é mantida por meio da interação e do diálogo. Surge, então, uma nova forma de relacionamento, baseada mais no companheirismo e na amizade. Como vimos até aqui, percebe--se a necessidade de que os pais, os responsáveis pela criança e as educadoras e os educadores da fé e da escola observem os desenvolvimentos: intelectual, emocional, moral-religioso e a capacidade de a criança estabelecer laços afetivos e eficazes com as pessoas que para ela são importantes.

A criança aos 9 e 10 anos

Essa é a idade de introspecção e de mudanças internas profundas e decisivas. É a fase na qual transcorre a mudança mais importante na biografia humana. Por volta dos 9 anos, as crianças começam a perceber que são seres independentes, que todos nós morreremos, que o pai, a mãe ou a professora não são os heróis de sua primeira infância. Algumas têm medos. Choram por qualquer coisa. Criticam e discordam da autoridade amada.

Em resumo: a criança entende que o mundo não é um paraíso e que precisará trilhar o caminho com seus próprios passos. E, inserida nessa mudança, a criança atravessa, com maior ou menor intensidade, uma crise de solidão. Ocorre, nesse período, uma grande e profunda transformação na relação da criança para com o mundo. De repente, ela considera os contos de fada infantis, fica manhosa, revoltada, passa a criticar tudo e começa a deixar de ver os adultos como pessoas infalíveis ou superiores. Uma transformação profunda ocorreu em toda sua vida emocional. Parece ter perdido a proteção de seu próprio mundo de fantasia, mundo no qual, tão carinhosamente, foi envolvida.

A vida emocional passa por uma metamorfose profunda. Curiosamente, a criança passa a sentir medo do escuro. Procura livrar-se desse medo, recorrendo a toda espécie de evocações mágicas: olha embaixo da cama para certificar-se de que não há alguém, esconde-se sob o cobertor, encolhendo as pernas, e a porta do corredor ou do quarto precisa ficar aberta para que ouça vozes.

Nesse estágio de vida, a criança cresce e aprende rapidamente. Está na maturidade da infância. Já possui um esboço de seu caráter, a sua personalidade já é um pouco mais definida e com possibilidades de introduzir o mundo em seu interior. Pais e educadores precisam estar atentos para motivar confiança em suas atitudes e segurança em si mesma. O elogio é mais eficaz do que a reprovação, e a criança é a grande beneficiada, quando os adultos reconhecem e lhe exteriorizam seus comportamentos positivos.

Nessa faixa etária, a criança faz uso de sua inteligência, que se está aproximando de sua plenitude a serviço da ampliação de sua consciência. Diferentemente de seu estágio imitativo anterior, quando simplesmente interagia com o que estava no seu redor, agora, acorda e vê o que está acontecendo à sua volta, de forma muito mais consciente do que via antes. Vive uma mudança interna, experimenta seu próprio eu muito mais profundamente do que antes e olha para o mundo com olhos novos e observadores. Esse despertar pode levá-la a um questionamento silencioso ou também a uma tendência à crítica.

Ela começa a usar a razão. Começa a julgar os fatos como bem ou malfeitos e a manifestar comportamentos de críticas e rebeldia. Seu pensamento, que até então era espontâneo, sem nenhuma direção, passa a se organizar, a prever as coisas que podem acontecer e a se tornar mais racional, com uma consciência mais social. Ao entrar no uso da razão, torna-se mais responsável pelos seus atos, é capaz de progredir mais rapidamente no sentido da responsabilidade, começa a notar mudanças na sua posição dentro da família, da escola e da sociedade, mas não se conforma com o papel totalmente infantil nem com as exigências de atitudes e de trabalhos que, para ela, estão aquém ou além de suas possibilidades.

Seu "por quê?" vai se tornando menos infantil, mais especulativo, adquire mais lógica e não se contenta com uma resposta simples e parcial. Se os pais, familiares e educadores acompanham a criança em seu desenvolvimento, com o devido e necessário cuidado, percebem que no relacionamento entre eles pode ocorrer um rico e construtivo diálogo. Nunca é demais afirmar que, como em todas as outras fases do desenvolvimento, também nessa, a criança necessita de carinho e de boa orientação. Precisa sentir que goza da confiança de seus pais e educadores. Precisa de atenção, de escuta e de diálogo. É a pré-adolescência que chegou ou está chegando. Os pais e educadores devem estar preparados para as muitas mudanças significativas e específicas dessa faixa etária.

É um período em que a criança começa a tomar consciência de que está deixando a infância para trás. É a fase denominada pré-adolescência ou puberdade, período específico, que traz grandes mudanças em diversas áreas. A criança continua progredindo em todos os aspectos de seu desenvolvimento: intelectual, físico, biológico, emocional, social, afetivo e moral, em uma constante busca de adaptação a seu meio ambiente.

1. Intelectual: nesse aspecto, a(o) pré-adolescente é esperta(o), tem sede de saber e procura segurança intelectual. Tem facilidade e rapidez para a memorização, embora seu raciocínio ainda esteja no estágio operatório concreto. Gosta de desmontar, fabricar e construir coisas; aprecia bons livros. Aprecia histórias verdadeiras. Ficou para trás o tempo das histórias dos contos de fada; agora, ela se interessa, principalmente, por histórias de heróis, por fatos importantes, grandiosos e de pesquisas sérias. Quer ver o mundo a partir de fora; seu mundo interior, o mundo da fantasia, dá espaço para o mundo real. Tem grande interesse por colecionar, fazendo várias coleções ao mesmo tempo. Demonstra preferência por tarefas e trabalhos mais complexos; gosta de ler, de escrever e de utilizar livros e referências com interesses bem definidos, desde que tenha adquirido esse hábito, em fases anteriores.

2. *Físico:* é uma etapa em que acontecem grandes modificações físicas e há necessidade de adaptação ao novo esquema corporal, considerando-se, ainda, que essas modificações não acontecem de uma só vez. Durante esse processo de redefinição do esquema corporal, a criança pode apresentar dificuldades para localizar-se adequadamente no espaço, tornando-se desajeitada, o que a faz ser alvo de crítica e da insensibilidade de adultos menos avisados.

3. *Biológico:* essas mudanças se relacionam com as modificações físicas, e são determinadas pelas alterações hormonais, como aparecimento de pelos, de acne, crescimento das mamas, mudança de voz nos meninos, alargamento dos quadris nas meninas, dos ombros etc.

4. *Emocional:* o período entre os 9/10 anos é um dos mais importantes na história do ser humano. Nele, toda criança atravessa uma crise de solidão, vinda de maneira perceptível ou não. Com frequência, reclama de sintomas físicos, como dores de cabeça, dores de estômago, dores nas pernas, e está sujeita a incômodos pesadelos, situações essas que podem produzir altas e baixas crises emocionais.

Alguns problemas de comportamento podem surgir, como o choro sem conhecimento de causa, rebeldia em relação aos pais e à autoridade, descuidos, expressões de aborrecimento e tantos outros, principalmente quando não se sente aceita. Nesse período, vai conquistando novas formas de independência. Quer liberdade, quer decidir por ela mesma, ter as próprias opiniões, mas sente-se perdida no mundo e precisa de atenção e carinho dos pais e dos educadores.

Nessa faixa etária, muita coisa acontece no interior da criança e ela vai se sentir mais amparada se os adultos reservarem tempo para conviver mais com ela. Isso lhe é tão essencial quanto comer e beber. Com o avanço da tecnologia, pais e educadores devem estar mais atentos a essa questão.

5. *Social:* nessa idade, a criança quer estar ligada a seus relacionamentos sociais, conhecê-los, vivenciá-los. Aprecia o "grupo" seja para o trabalho ou para brincadeiras. Começa a testar os limites e valores familiares. Mantém relação de dependência com os pais e tem por eles certa credibilidade, uma vez que esses são ainda seus heróis. Preferem atividades de jogos cooperativos ou de equipes, existindo, ainda, a preferência pela formação de grupos ou equipes do mesmo sexo. As normas dos grupos parecem ter maior influência do que as familiares. E como as crianças já nascem inseridas na era da internet, desenvolvem um poder especial de comunicação entre colegas e/ou grupos sociais.

A criança está na fase da semiautonomia. Sua consciência de justiça está se aprimorando; gosta de competir, principalmente na escola; tem dificuldade em assumir os erros, mas aceita as falhas e se responsabiliza por elas; percebe bem o certo e o errado; pode se sentir envergonhada por ter se comportado mal e avalia o comportamento das outras crianças. Para que ela tome consciência de seus próprios atos, pode ser questionada: "Você acha justo o que você fez?". Ela já reconhece a importância das normas nas brincadeiras e nos jogos e tem liberdade de reelaborá--las, de acordo com seu grupo.

A autoafirmação

A criança com 9/10 anos quer ser independente e exige menos tempo e atenção dos responsáveis, porque está muito atarefada e centrada em sua própria pessoa. As relações são mais tranquilas,

Visão de um povo sobre as origens da vida

desde que seja tratada, com o respeito devido, a sua maior maturidade. Demonstra melhor relacionamento com os pais, principalmente em atividades que interessam a todos. É evidente que a criança nessa idade, aos poucos, está adquirindo um sentimento de posição individual e, por isso, tende a participar mais da vida familiar e se interessa por assuntos do mundo adulto. Isso faz parte do crescimento, da organização e do preparo para sua vida futura.

É de suma importância a presença de alguém significativo na vida da(o) pré-adolescente que possa ajudá-la(o) a entender e aceitar o que está se passando com ela/ele, para que sinta que essa fase da vida não é marcada apenas por incertezas, solidão, dificuldades, crises, mal-estares, angústias. Reconhecendo-se compreendida(o) e aceita(o), ela(ele) é capaz de muita generosidade, de muita alegria e de uma vida familiar e social saudável. Para isso, é necessário aumentar os momentos de convivência familiar, no lazer, nos planejamentos em conjunto e muito testemunho de compromisso com a vida partilhada.

Quando proibida(o) de alguma coisa, como usar celulares, jogar ou ler revistinhas, pode praticar tais comportamentos, às escondidas. Se as ordens recebidas não lhe agradam, pode mostrar-se emburrada(o), mal-humorada(o) ou irritada(o). Outras vezes, arranja desculpas, quando as situações não lhe são favoráveis. A colocação de limites, nesses momentos, é de suma importância, lembrando-lhe de que está vivendo o "seu momento" que lhe é muito significativo e de muita importância para sua vida, que cresce vigorosa e cheia de surpresas.

A(o) pré-adolescente é, naturalmente, inclinada(o) à ação em detrimento da palavra. Muitas vezes, diante dos conflitos próprios dessa faixa etária, pode recorrer às drogas, ao álcool ou à sexualidade precoce. Um dos problemas é que as pessoas pensam que, com o desenvolvimento sexual precoce, ela(ele) é mais velha(o) e o tipo de pressão, muitas vezes, são maiores do que ela(ele) pode administrar.

28

A educação para a fé dos 8 aos 10 anos

O objetivo da "educação para a fé" é orientar a criança na descoberta do quanto é amada por Deus, que tudo criou por amor, e, também, procurar despertar nela um profundo sentimento de gratidão por essa maravilhosa obra de Deus.

A educação para a fé é um processo que dura toda a vida. Por isso, podemos afirmar que ela tem seu início desde o ventre materno. Testemunhando a vida de fé, a partir da família, a criança já tem uma consciência de Deus em sua vida. É no convívio famíliar que os valores vão se estabelecendo. E, quando a família é um testemunho de fé, a criança adquire desde muito cedo a consciência de Deus em sua vida. Ela vivencia as experiências familiares e sociais sem interpretá-las, porque ainda não tem compreensão da linguagem figurada.

Ela está vivendo um momento muito forte de querer saber "o porquê" de tudo, e, como tem muita curiosidade a respeito de assuntos existenciais e religiosos, é muito comum querer saber a origem das coisas, como: quem criou Deus? Como tudo apareceu? Onde Deus está? E tantas outras questões relacionadas à religiosidade, que devem ser respondidas com clareza, com respostas simples, objetivas e adequadas. A atitude dos adultos define a evolução da criança. A maneira como ela obtém as respostas para suas questões é fundamental para seu crescimento em todas as áreas da aprendizagem.

As respostas adequadas à sua capacidade e esclarecedoras de suas dúvidas vão ajudá-la na compreensão de suas questões. Nessa idade, já começa a entender alguns conceitos abstratos, apesar de ainda confundir realidade com fantasia, porque não tem clareza do que é ficção ou do que é história real. Daí o perigo de, ao ouvir narrativas de "milagres", ficar no nível da fantasia; ela ainda não percebe, com clareza, a diferença entre o fantasioso e o que é realidade concreta ou possibilidades. Apesar de começar a distinguir entre o natural e o sobrenatural, continua tendo uma imagem antropomórfica de Deus. Nessa junção ou na relação entre o natural e o sobrenatural, ainda sem conotação religiosa, surge a percepção de que o que existe aqui na terra não é tudo; algumas coisas transcendem o concreto, a matéria.

Para além da família, cabe à comunidade religiosa colaborar com os pais na educação para a fé da criança. É importante lembrar que essa educação não deve ser simplesmente voltada para os sacramentos, mas também para sua inserção na vida da comunidade de fé, na relação com Deus e consigo mesma, na convivência com o outro e com a natureza.

A educadora ou o educador da fé precisa preocupar-se em criar atividades lúdicas, criativas, alegres, que atendam as características dessa faixa etária, momento em que a criança está sensível a descobrir a grandeza de Deus, a sua bondade por tudo que fez e as maravilhas das coisas criadas por ele. Os encontros devem sempre conter cantos com gestos, histórias, dinâmicas ou brincadeiras, jogos, com a prática de dramatizações, encenações, organização de vivências baseadas em textos bíblicos e planejadas em equipe, além da utilização de recursos audiovisuais (fotografias, filmes, cartazes, murais, maquetes), atividades que conduzirão o ensino/aprendizagem de forma lúdica, agradável, diversificada, objetivando o desenvolvimento das crianças, para que se tornem homens e mulheres de fé.

A experiência religiosa é fundamentalmente uma experiência de relação de amor, essencial para a vida.

A puberdade

Essa é a fase inicial da adolescência. Ela se caracteriza pelas transformações físicas e biológicas no corpo das meninas e dos meninos. Por isso, é vista e estudada como um acontecimento grandioso e dramático na vida juvenil. Passada a fase da latência, desencadeia-se o processo puberal.

Não existe uma data exata para a entrada na puberdade, e ela não é igual para os meninos e para as meninas nem a mesma para todos os meninos ou para todas as meninas; mas é um evento físico, pessoal, com limites de início e de término.

O ser humano é repleto de singularidades e cada um tem seu próprio ritmo de desenvolvimento. Porém, há uma média que se pode ter como referência para essas mudanças: nas meninas, os primeiros indícios da puberdade podem ocorrer a partir dos 9 aos 12 anos. Nesse período, elas apresentam um crescimento mais rápido, a cintura afina, os quadris se alargam, os seios começam a avolumar-se e os pelos começam a aparecer na região pubiana e nas axilas. Nos meninos, as tranformações começam um pouco mais tarde, entre 12 e 13 anos, e são mais demoradas do que nas meninas. Neles, os primeiros sinais dessas transformações são, basicamente, o aumento dos órgãos genitais, o nascimento de barba, o aparecimento de pelos na região pubiana, nas pernas, nos braços, no peito e nas axilas. O esqueleto se alonga, os músculos se enrijecem, o tronco e os ombros se alargam; a pele se torna muito mais gordurosa, causando as temíveis acnes. Além disso, essas mudanças são acompanhadas da modificação da voz, que ora é mais grave, ora mais aguda e fina.

Isso não significa dizer que todos vão entrar na puberdade nas mesmas faixas etárias. É considerado normal o início da puberdade até os 13 anos nas meninas e 14 anos nos meninos. A puberdade que ocorre fora desses períodos é considerada uma anormalidade, que pode ser chamada de:

- Puberdade precoce: quando ocorre antes dos 8 anos em meninas e dos 9 anos, em meninos.

- Puberdade retardada: quando, até os 13 anos nas meninas e 14 anos nos meninos, não apareceu nenhum dos sinais mencionados.

Visão de um povo sobre as origens da vida

Nesses casos, um médico *hebiatra*[1] deverá ser consultado para dar as devidas orientações de procedimento e encaminhamento a um tratamento, se necessário for.

A puberdade, tanto nas meninas quanto nos meninos, não proporciona apenas transformações físicas e biológicas, mas, também, emocionais, mentais, psicossociais. São mudanças rápidas, que podem causar inquietudes, assim como certos problemas na coordenação motora, uma vez que a mente ainda não teve tempo de se adaptar a essas mudanças. As alterações hormonais, que ocorrem nessas faixas etárias, despertam a sensibilidade sexual, e nessa fase muitos adolescentes começam a ter relações sexuais.

Isso pode contribuir para algum estado de depressão, reações de rebeldia, de oposição, de solidão, de choro por motivos indeterminados, de irritabilidade e de muitos outros comportamentos. Alternadamente, podem ser observados, também, períodos de intensa energia física, entusiasmo, inquietações comportamentais. Nessa fase, os adolescentes costumam, com grande entusiasmo, ansiar por sensações novas e se dão o direito de experimentar cigarro, tomar bebidas alcoólicas, usar drogas. Tudo isso como forma de uma autoafirmação.

Como a puberdade é um período marcado pelo maior número de mudanças físicas, psíquicas e emocionais na vida da criança, surgem questões existenciais: Quem sou eu? Por que sou assim? De onde vim? Qual o meu papel na sociedade em que vivo? Para que vivo? Nessa etapa a(o) pré-adolescente passa a interessar-se também por questões de ordem moral, ética, social, política familiar, educacional, religiosa e tantas outras que acompanham o amadurecimento. Podem surgir complexos e preocupações com os novos contornos do corpo. Seja como for o seu desenvolvimento físico, uma característica comum a todos os pré-adolescentes é que eles não se sentem confortáveis com

---

[1] Hebiatria é a parte da medicina que cuida de adolescentes.

seu corpo. Se as meninas ficam obcecadas com seu peso, podem deixar de comer ou começar a fazer dietas nada saudáveis. Por isso, o olhar atento de um especialista a todo esse universo ajuda a prevenir, por exemplo, os transtornos alimentares (bulimia, anorexia) e inúmeros outros problemas de saúde.

Essa etapa transitória entre a infância e a adolescência significa, também, um período de sofrimento, devido a alguns lutos nela vivenciados. São os lutos por perdas vividas na infância: a perda dos pais da infância (colo, da atenção constante etc.), a perda do corpo infantil, a perda da dependência infantil, além da confusão quanto ao esquema corporal e espacial.

A(o) pré-adolescente quer estar sempre em atividade; precisa de exercícios fora do confinamento de uma sala de aula. Seu tempo de ficar sentada(o), quieta(o) e calada(o) é, no máximo, de 30 a 40 minutos, característica essa que deve ser de grande importância para seus educadores.

A criança aos 11 e 12 anos

Em cada momento de sua vida e em qualquer área vivencial (física, cognitiva, afetiva, ética-social ou religiosa), a criança, dentro de suas possibilidades, vai se reorganizando, se adaptando ao mundo exterior e se incluindo no ambiente e na cultura da qual faz parte. Como nas etapas anteriores, vive em contínua busca de seus progressos, procurando se desenvolver em todas as dimensões de sua vida de forma integrada e equilibrada.

Hoje, as nossas crianças são submetidas a um bombardeio de estímulos da sexualidade, seja com filmes, com temas sexuais, com as letras de músicas e danças erotizantes, com programas insinuantes das emissoras de televisão e até mesmo com roupas não muito adequadas a elas, mas que, preferencialmente, estão de acordo com a moda atual. O corpo humano responde às expectativas que se tem dele. Assim, o corpo da menina vai se modificando no sentido de se assemelhar ao corpo de seu "modelo televisivo", sendo, praticamente, empurrada para o mundo dos adultos, antes que a sua personalidade esteja formada para isso.

Os estágios do desenvolvimento da personalidade, sob o ponto de vista cognitivo, físico e emocional, se ajustam progressivamente durante o processo do amadurecimento da pessoa. Do ponto de vista cognitivo, área responsável pela aprendizagem, a criança está passando das operações "operatório concreto" (que vai dos 6/7 aos 12/13 anos) para as "operações formais", o quarto estágio, que não se completa antes dos 14/15 anos. Seu raciocínio não mais depende da manipulação de objetos concretos. Quando ela alcança esse estágio, já é capaz de partir do pensamento para a ação, porque possui capacidade de planejar as ações, pensar abstratamente, formular teorias e fazer generalizações. Quando atinge tal estágio já consegue raciocinar: "Isso é assim, mas poderia ser diferente". Ela começa, então, a realizar operações e conceitos de maior complexidade.

Segundo Piaget, é grande a necessidade de adaptar o processo de ensino-aprendizagem à criança, para que ela possa vivenciar a experiência do sucesso, desenvolvendo o autoconceito, a autoimagem e a autoestima, valorizando-se e se sentindo capaz. A educadora ou o educador estará orientando a criança na evolução de sua aprendizagem e, portanto, em seus vários desenvolvimentos, quando adequar os planejamentos e as atividades às possibilidades de cada estágio vivenciado pela(o) educanda(o).

Piaget enfatizou também os estágios do desenvolvimento moral. Segundo ele, nessa faixa etária, a criança caminha para a autonomia, que é a capacidade de se governar pela interiorização consciente e reelaboração das regras de conduta. Ela percebe-se como legisladora e entende que as regras derivam de um acordo mútuo entre as pessoas; sabe que há regras para se viver em sociedade, mas essas regras e o respeito a elas partem do seu interior. O sujeito autônomo é aquele que, olhando para si, enxerga também o outro. Essa capacidade é o mais alto estágio da evolução moral.

As alterações físicas devem ser encaradas com calma e naturalidade e serem entendidas como um processo biológico, obrigatório, porém passageiro. De um modo geral, as dúvidas são frequentes nessa faixa etária, e a curiosidade aumenta com as novas transformações corporais. São comuns os questionamentos, a rebeldia, uma vez que é nessa fase que a criança está buscando sua própria identidade. A rebeldia também acontece porque ela percebe que os valores familiares, às vezes, não são os mesmos que os dos amigos e, para que seja aceita nos grupos, sente-se pressionada a mudar; mas essa mudança nem sempre pode ser para melhor. Buscar o conhecimento, o entendimento e, principalmente, o esclarecimento de todas as dúvidas é fundamental para o bom desenvolvimento psicológico do indivíduo.

Nessa faixa etária, a sensibilidade está à flor da pele. A criança prefere a privacidade, mas tem dificuldade em adormecer sozinha, porque experiencia muitos medos e preocupações. Com frequência, mostra-se temperamental, e a raiva, que lhe é bastante comum, é direcionada, verbalmente, para a figura de autoridade. Fica ressentida quando é instruída sobre o que fazer, e seu humor sofre frequentes flutuações. É importante que pais e educadores reflitam sobre todas essas questões, estando atentos e abertos ao diálogo, refletindo sobre os valores e os princípios que querem transmitir, assim como as suas representações e expectativas.

É fundamental ouvir e mostrar disponibilidade para a partilha de opiniões, sem impô-las, aproveitando cada momento para educar; muito importante também é que sejam capazes de demonstrar confiança e respeito pelos espaços íntimos dos pré-adolescentes,

Visão de um povo sobre as origens da vida

além de responsabilizá-los pelas decisões tomadas; é, por último, indispensável que sejam valorizados e estimulados, aproveitando os erros cometidos como oportunidades de aprendizagem e de crescimento mútuo. Educar é promover a compreensão e a apropriação de uma série de valores universais que contribuam no dia a dia, para o crescimento individual e coletivo.

Educação para a fé aos 11 e 12 anos

A construção da religiosidade não pode ser acelerada pelo treino ou pela memorização, ou pelas respostas preparadas pela educadora ou pelo educador da fé. Ela acontece espontaneamente, por meio da formação de hábitos saudáveis de boa convivência, da participação, da partilha e da contemplação. A informação, por exemplo, de que foi Deus que criou o mundo, as plantas, as montanhas, em nada irá contribuir para a descoberta de quem é o Grande Criador. É mais proveitoso estimular a curiosidade natural e a capacidade de observação da criança para que ela se coloque essas questões e busque suas próprias respostas, construindo ao longo de sua vida a maturidade de sua fé.

Os desafios, as vivências e as respostas encontrados a ajudam a evoluir para um nível mais amplo, de maior conhecimento e desenvolvimento. É necessário que se dê espaço para a criança fazer perguntas. Deve-se também desafiá-la com perguntas, deixando que faça suas próprias descobertas, sem dar respostas prontas. É importante proporcionar-lhe a vivência religiosa, indo com ela à igreja ou a templos, para que participe de cerimônias religiosas, sem forçá-la, mas também sem privá-la da possibilidade de conviver com as celebrações.

Nessa faixa etária, de 11 e 12 anos, ela está começando a superar o egocentrismo e a interagir com a cultura do adulto, ouvindo histórias contadas ou lidas, observando o comportamento das pessoas ou frequentando cultos e celebrações religiosas.

Estabelece relações de causa e efeito, confrontando suas imagens mentais com os ensinamentos dos pais, professores e educadores da fé. Quem conduz a aprendizagem, seja ela em qual área for, não deve optar por posturas autoritárias, diretivas, centralizadoras do poder, que determinam e controlam desde o conteúdo religioso até a participação nas celebrações. Isso pode retardar ou até inibir o desenvolvimento dos educandos. Como nessa faixa etária os educandos estão despertados para as atividades em grupos, a educadora ou o educador da fé pode lançar mão de atividades nas quais todos poderão:

- Participar de peças teatrais. A(o) pré-adolescente gosta de decorar textos para teatro, participar de dramatizações, celebrações e jograis de textos atualizados.

- Ler livros de histórias adequadas a essa faixa etária. Substituir lendas e fadas por mensagens concretas ou contos verdadeiros.

- Trabalhar com montagens, colagens, criações e construções de figuras relacionadas aos textos bíblicos em estudo.

- Desenvolver atividades bíblicas que envolvam o corpo, como corridas, ciclismo, maratonas, jogos, gincanas, danças, campanhas ecológicas, campeonatos interfamiliares no bairro ou na comunidade religiosa, atividades folclóricas e outros.

- Interligar os conteúdos bíblicos com outros conteúdos educacionais.

- Participar de retiros com atividades bem diversificadas.

A educação para a fé deve ser pensada e praticada a partir da liberdade de ação, da construção e da elaboração de projetos. Os educadores da fé, ao renunciarem ao papel de autoridade informativa, não renunciam ao papel de autoridade instrucional. Eles têm a responsabilidade de estabelecer os

Visão de um povo sobre as origens da vida

arranjos que instigarão e guiarão o grupo em direção a uma investigação discursiva cada vez mais autocorretiva e produtiva. Essa metodologia, aparentemente simples, é trabalhosa: exige persistência, mudança de paradigmas na sua aplicação, mas é eficaz na educação para o pensar e para a formação de uma fé madura e responsável.

2.
Metodologia para os encontros com crianças de segunda infância

Orientação para a educadora ou o educador da fé: os temas desenvolvidos segundo a metodologia proposta para crianças da segunda infância são escolhidos do início do livro de Gênesis, do capítulo 1 até o 12. Nessa faixa etária, a criança já tem condições de fazer seu próprio julgamento, é capaz de debater sobre alguns assuntos, mesmo que ainda não tenha uma opinião formada sobre os temas: a criação, o paraíso, o fruto proibido, Caim e Abel, a memória dos antepassados, o dilúvio, a torre de Babel, a vocação de Abraão.

Esses capítulos tratam das origens do mundo, da vida mineral, vegetal, animal e humana; da fragilidade humana; do conflito entre irmãos; das gerações antes e depois do dilúvio; do dilúvio; da Torre de Babel e do chamado de Abraão. A educadora ou o educador da fé encontrará, em cada livro, diferentes temas na "Série Recursos Pedagógicos", com propostas novas de atividades que podem ser utilizadas. Há também a apresentação geral, o novo olhar sobre as Escrituras e a proposta metodológica.

Com os pré-adolescentes e adolescentes serão trabalhados os mesmos capítulos do livro de Gênesis, mas com outros temas pertinentes e de interesse para essas faixas etárias. A metodologia proposta, com debates e atividades, ajudará e comprometerá os participantes na construção do próprio saber bíblico.

Sensibilização

A sensibilização pode ser preparada de acordo com o grupo e as condições de local e espaço. Ela visa despertar o interesse

Visão de um povo sobre as origens da vida

e criar um clima favorável para introduzir crianças, pré-adolescentes e adolescentes no tema a ser trabalhado. Serão sugeridas algumas músicas ou canções que também podem ser substituídas por outras canções folclóricas ou regionais, a critério da educadora ou do educador da fé, contanto que sejam pertinentes ao tema que será trabalhado.

Diálogo interativo

O diálogo interativo é de suma importância porque desenvolve a capacidade de reflexão, de confronto com outras visões, de formação da consciência crítica, oferecendo às crianças da segunda infância, pré-adolescência e adolescência condições para criarem a própria visão e as próprias convicções desde pequenas. O diálogo interativo propõe: a apresentação do texto bíblico, o levantamento de questões sobre o tema e o debate sobre as mesmas.

A leitura do texto bíblico

A leitura pode ser feita na própria Bíblia, desde que todos tenham a mesma versão dela; se estiverem com versões diferentes, a leitura pode ser feita espontaneamente, por versículos.

O levantamento de questões para o autor do texto

O levantamento é feito pelas crianças da segunda infância, pré-adolescentes e adolescentes, segundo o tema que está sendo proposto para a reflexão. As perguntas são anotadas no quadro ou numa folha selecionada, segundo o interesse e o tema predeterminado e, depois, devolvidas aos participantes para o debate, no passo seguinte.

O debate sobre as questões

O debate iniciará sobre a questão que o grupo escolher, dando possibilidade a todas as crianças, pré-adolescentes e adolescentes de expressarem o seu parecer. O primeiro que levantar a mão receberá o dado e terá o direito de expressar a sua opinião. Ao finalizar o seu parecer, passará o dado a quem levantar a mão, solicitando a complementação da resposta, e assim sucessivamente, até que todos tenham a oportunidade de dar o seu parecer. Isso serve para manter a disciplina.

A educadora ou o educador da fé prestará atenção para que todos participem, sem dar respostas às questões, mas, sim, levantando novas questões a partir das reflexões que os participantes fizerem, direcionando-as sempre para o sentido central da narrativa bíblica. Não se deve dar respostas, mas ajudar os participantes a refletirem e pesquisarem a respeito do tema.

O importante mesmo é despertar a reflexão, o interesse do grupo para a temática, mas sem dar respostas. As diferentes opiniões são colocadas, elaboradas, confrontadas e reelaboradas pelas próprias crianças, pré-adolescentes e adolescentes, com as diversas visões sobre o tema. Todos são livres para expressarem seu pensamento, sem a preocupação de estarem certos ou errados, de serem aprovados ou desaprovados no seu parecer.

Espaço para criar

Esse é o espaço para as crianças, pré-adolescentes, e adolescentes desenvolverem a sua criatividade por meio de atividades que lhe são propostas, conforme os temas que serão trabalhados em Gênesis 1 a 12, ou seja, desde a criação até o início da história do povo de Deus, com o chamado de Abraão. A educadora ou o educador da fé tem toda a liberdade de propor outras atividades, de flexibilizá-las, adaptá-las, tanto de acordo com o grupo quanto com a realidade das crianças.

Neste livro, a cada tema seguem duas sugestões, observando-se as orientações sobre a psicopedagogia das idades, para a escolha adequada dos assuntos. Estes têm sempre o interesse de ajudar as crianças a memorizarem os textos bíblicos e adquirirem, o quanto possível, um novo olhar sobre os mesmos.

A proposta de estudo é de que seja feito por meio de temas preestabelecidos, com duas sugestões de atividades, no espaço para criar. Oferece a possibilidade de trabalhá-los bem, em vários encontros, segundo a disponibilidade de tempo da educadora ou do educador da fé, como também dos participantes. Essa proposta pode auxiliar na catequese para uma formação bíblica atualizada, com uma nova metodologia. Essas ferramentas são importantes para tornar a experiência mais dinâmica, envolvente e prazerosa nas diversas faixas etárias.

Observe que o roteiro de cada tema pode ser desdobrado em dois ou mais encontros, segundo o interesse da educadora ou do educador da fé e dos participantes:

- 1º tema: "No princípio, Deus criou o céu e a terra" (Gn 1,1); "Deus abençoou o sétimo dia e o santificou, pois nele descansou..." (Gn 2,3).

- 2º tema: "Deus plantou um jardim em Éden" (Gn 2,8).

- 3º tema: "A mulher tomou do fruto da árvore, comeu e deu-o ao seu marido" (Gn 3,6).

- 4º tema: "Abel, irmão de Caim" (Gn 4,2).

- 5º tema: "A duração da vida de Matusalém foi de novecentos e sessenta e nove anos" – o significado da longa vida dos patriarcas antes do dilúvio (Gn 5,27).

- 6º tema: "Vou enviar o dilúvio sobre a terra" – as águas que salvam e destroem (Gn 6,17; 7,22).

- 7º tema: "Estabeleço minha aliança convosco... Eis o sinal da aliança... Os filhos de Noé, que saíram da arca: Sem, Cam, Jafé" (Gn 9,11.18).

- 8º tema: "Todo o mundo se servia de uma mesma língua" (Gn 11,1).
- 9º tema: "Sai da tua terra... e vai para a terra que eu te mostrarei... Eu te abençoarei. Sê uma bênção!" (Gn 12,1).

Momento celebrativo

O momento celebrativo compreende a *releitura do texto bíblico* que foi estudado, a *nova atitude de vida* que o tema sugere e o *momento de interiorização*, no sentido de voltar o nosso olhar para dentro de nós, onde mora Deus, para agradecer, oferecer, admirar. É muito importante ler, estudar, criar, transformar esses conteúdos bíblicos como alimento para a fé, para a vida cristã. A celebração traz o olhar para o interior, para o significado de tudo o que foi refletido e contemplado, para falar com Deus e para Deus.

Releitura do texto bíblico

Há diferentes releituras de um mesmo texto bíblico. A sugestão de releitura que segue é muito fiel ao texto bíblico, trazendo algumas releituras sobre a atualidade. A educadora ou o educador da fé também pode ler as releituras feitas pelos participantes a partir do texto bíblico; como eles reescreveriam hoje esta narrativa. Ou seja, se eles fossem descrever hoje a origem da criação, como a descreveria? Escrevam sobre isso. No próximo encontro dispor de algum tempo para ler o que escreveram.

Atitude de vida

A atitude nasce em consequência de toda reflexão que foi desenvolvida ao longo do encontro, no sentido de rever posturas e atitudes em relação ao tema proposto. Por exemplo, com respeito ao tema da criação, observar como era o cultivo, o cuidado, o respeito à natureza, aos animais, às coisas pessoais, familiares, sociais e públicas.

Visão de um povo sobre as origens da vida

Interiorização

A interiorização é o momento de ajudar as crianças da segunda infância, os pré-adolescentes e os adolescentes a fazerem a sua síntese a partir do tema trabalhado no dia, por meio de um canto, de uma figura, de uma dança, de uma oração espontânea rápida ou de repetições. O objetivo é, acima de tudo, despertar na(no) participante admiração, carinho, amizade com Deus, sentimento de gratidão a Deus, porque ele é bom, fez toda a sua obra com beleza, arte, harmonia, variedade e perfeição.

A criança ainda não consegue entender e assimilar tudo, mas a metodologia adotada para o estudo bíblico desperta para a busca, a continuidade da reflexão. As explicações oferecidas sobre a primeira narrativa são para uma leitura e fundamentação atualizada sobre os textos bíblicos para os pais, para a educadora ou o educador da fé. Estes conteúdos serão, sem dúvida, iluminadores para a vida.

3.
Introdução ao mito

A contextualização dos onze primeiros capítulos de Gênesis, na época em que surgiram, possibilita melhor compreensão da narrativa, da intenção de seus autores, do gênero literário do texto, cujos resquícios estão presentes nele: "Deus fez os dois luzeiros maiores: o grande luzeiro como poder do dia, o pequeno luzeiro como o poder da noite e as estrelas" (Gn 1,16). Observe que o grupo sacerdotal não ousa chamá-los de sol e lua, para não confundi-los com as divindades que eles representavam nesses astros.

Muitas pessoas têm restrições às narrativas de mito, como se elas fossem narrativas fantasiosas, sem valor para a literatura universal, quanto mais para o estudo dos textos bíblicos. Por essa razão, estranham ao descobrir que muitas narrativas mitológicas dos povos contemporâneos exerceram influência nos autores bíblicos, que as adequaram à fé do povo de Israel. E, no entanto, são narrativas de grande valor simbólico, por isso, fez-se necessária uma explicação sobre o verdadeiro significado do mito, para melhor compreensão dos escritos bíblicos.

Uma palavra sobre o mito

Influenciado pelos autores das narrativas de mito, o grupo sacerdotal escreveu os onze primeiros capítulos do livro de Gênesis. Ele buscava igualmente dar respostas às questões que se colocavam sobre as origens do universo, do ser humano, do sofrimento, da vida após a morte etc. Essas narrativas carregavam

Visão de um povo sobre as origens da vida

o valor das ideias que elas buscavam traduzir em significados para a vida de seus povos, inclusive para Israel. Daí a importância de se refletir sobre os textos bíblicos que nasceram e integraram elementos mitológicos.

Na experiência de todos os povos, como também de Israel, a vida precedeu ao escrito. O escrito sempre nasce depois da experiência vivida, dos questionamentos, da reflexão que surge a partir dela. A colocação dos textos e livros na Bíblia não segue a ordem cronológica em que foram escritos,[1] mas sim a sequência do desenvolvimento da vida. As narrativas bíblicas começam com a criação: as origens da vida mineral, vegetal, animal e humana sobre a terra; seguem as dificuldades da convivência humana, do dilúvio, da história dos patriarcas, tanto os de antes quanto os que surgiram depois do dilúvio.

Noé, com sua família, sobreviveu ao dilúvio e deu continuidade ao gênero humano, segundo a tradição bíblica. A partir dos descendentes de Noé e dentre os seus três filhos, interessa-nos a história de Sem, que está na origem da família de Abraão, Isaac, Esaú e Jacó, considerados os pais do povo da Bíblia. Jacó, segundo a tradição bíblica, deu origem às tribos de Israel, e, dentre as figuras que se destacam no Primeiro Testamento, encontram-se: Moisés, Josué, juízes, reis, profetas e os sábios de Israel. As narrativas seguem como se fossem narrativas "lineares e genealógicas". Mas não se trata de uma história familiar, embora os escritos a apresentem dessa maneira.[2]

---

[1] Segundo os estudos bíblicos, o primeiro texto escrito teria sido o cântico de Débora, do livro de Juízes, capítulo 5, mas ele não é o texto que inicia a Bíblia, pois, na lógica humana, antes é preciso narrar o surgimento do mundo, dos seres, entre eles o ser humano. Por isso, a Bíblia inicia com as narrativas da criação, mesmo que elas tenham nascido muito depois de outros escritos. A Bíblia não segue a ordem cronológica em que os textos e livros foram escritos, mas a ordem lógica da vida.

[2] Um estudo mais aprofundado e esclarecedor sobre a formação do povo de Deus na Bíblia e sua história pode ser encontrado no estudo da Coleção "Bíblia em Comunidade", de Paulinas Editora, elaborada pela equipe do SAB – Serviço de Animação Bíblica.

Um só Deus e muitos deuses

Os autores integraram essas narrativas de fundo mitológico para adequá-las à linguagem da fé do povo de Israel. Eles acreditavam num só Deus, *YaHWeH*, enquanto os povos contemporâneos tinham muitos deuses e deusas, eram politeístas, atribuíam cada elemento ou força da natureza a uma divindade. Por exemplo: o sol, a lua, o vento eram considerados divindades. Para a fé do povo de Israel, eles são criaturas de Deus, e não divindades. Segundo o Dicionário Aurélio, os mitos eram "narrativas de significação simbólica, geralmente, ligadas à cosmogonia e referentes a deuses que encarnam as forças da natureza e/ou de aspectos da condição humana". A essas narrativas é dado o nome de mitos.

História e mito se contrapõem?

Na linguagem corrente, o mito[3] se contrapõe à narrativa histórica dos fatos, acontecimentos considerados como portadores da verdade absoluta e como único testemunho da objetividade. É equiparado à fábula, à ficção, quando não à mentira. Esse conceito aparece também em escritos do Segundo Testamento, como na 2ª Carta a Timóteo, em que o autor, olhando para a realidade de sua comunidade, admite que alguns cristãos: "Desviarão os ouvidos da verdade, orientando-os para as fábulas"[4] (2Tm 4,4).[5] Havia e há ainda hoje uma compreensão errônea de mito, como se fosse um palavreado inútil, histórias sem importância alguma. Esse tipo de avaliação torna impossível a compreensão de muitos textos bíblicos que carregam um fundo mitológico.

---

[3] MONLOUBOU, L.; DU BUIT, F. M. Mito. In: *Dizionario di Teologia Biblica. Storico Critico*. Roma: Borla, 1987, p. 647-649.

[4] No texto original grego, a tradução literal é mito e não "fábulas", como traduziu a Bíblia de Jerusalém. Ver: *A Bíblia: Novo Testamento*. São Paulo: Paulinas, 2015.

[5] 1Tm 1,4; 2Tm 2,16; 2Pd 1,16.

Visão de um povo sobre as origens da vida

O mito na etnologia e na história das religiões

O mito na história das religiões e da cultura dos "povos naturais" (etnologia) não tem essa conotação negativa, antes, ele é visto de forma positiva. Trata-se da ação da divindade, considerada em si mesma e na sua relação com o mundo. Mesmo que essa reflexão nasça com o ser humano e seja passada adiante no mesmo grupo, ela é escrita e formalizada muito depois e retroprojetada para os tempos primordiais da história humana universal. Para que haja o mito, os elementos essenciais são: o envolvimento da divindade, do ser humano e os tempos primordiais. Esse é o âmbito específico do mito.

Ele é, na verdade, uma expressão da complexidade e variedade daquilo que o ser humano sente em relação a si mesmo, situado no tempo e no espaço, bem como das realidades "misteriosas", nas quais ele se sente envolvido e que o ultrapassam. Se compreendermos o mito dessa forma, ele passa a ser valioso, porque propõe à reflexão dos leitores as realidades que os ultrapassam. Ele pode também ser colocado a serviço de concepções religiosas politeístas, para justificar práticas como a prostituição sagrada no culto a Baal, deus da fecundidade de Canaã, região do Oriente Próximo. Da mesma forma, o mito pode ser colocado a serviço de um pensamento monoteísta e fundamentar práticas religiosas dignas de seu pensamento. Por isso, não deve haver nenhum escândalo pelo fato de os autores bíblicos terem se servido de mitos em suas narrativas no livro de Gênesis, nos Salmos, nos livros proféticos e sapienciais de Israel. Qual seria, então, a compreensão exata de mito?

A verdadeira compreensão do mito

Só entende o verdadeiro sentido do mito quem compreende o seu significado e a sua linguagem simbólica. Quando o ser humano reflete sobre a sua existência, ele se dá conta de que não tem respostas satisfatórias a perguntas básicas, como: De

Introdução ao mito

onde viemos? Que sentido tem a vida? Por que morremos? Com a morte, termina tudo? Por que existem dominadores e dominados? Por que os injustos prosperam? Por que os justos sofrem tanto e são perseguidos? Por que crianças inocentes sofrem? As perguntas poderiam continuar ao infinito, sem ter respostas cabais.

Essas são questões vitais sobre a condição humana e terrena, e, com maior razão ainda, quando o ser humano quer expressar a sua relação com o sagrado, o transcendente, Deus. Ele sente sua presença sublime e misteriosa e, ao mesmo tempo, é incapaz de expressar em linguagem racional esse sentimento.

O ser humano tem consciência de não possuir uma linguagem apropriada para expressar a sublimidade e profundidade de sua experiência humana e com Deus. Por isso, recorre à linguagem poética, simbólica e imagética, que, ao mesmo tempo, também é insuficiente, mas menos incapaz do que a linguagem racional para expressar a verdade do que o ser humano sente.

Trata-se, sem dúvida, de uma linguagem aproximativa, mas nem por isso menos válida. Antes, é uma linguagem elevada e nobre, através da qual o ser humano supera a própria racionalidade e se expressa por meio de símbolos e imagens, como o profeta Ezequiel, que usou a imagem do arco-íris para falar da glória do Senhor: "... a aparência desse brilho ao redor era como a aparência do arco como em dia de chuva se vê nas nuvens. Era algo semelhante à glória do Senhor" (Ez 1,28). A luminosidade, o brilho do arco-íris e a visibilidade dele são associados à glória do Senhor, mesmo que ela os ultrapasse ao infinito.

Presença do mito no Primeiro Testamento

No antigo Oriente havia um grande número de mitos para descrever a condição humana nos seus valores e limites também

49

Visão de um povo sobre as origens da vida

em relação ao seu futuro. O povo da Bíblia usou alguns mitos, mas sempre os reelaborando na ótica da sua fé. Eles usaram os mitos babilônicos do tempo da dinastia dos amorreus, aos quais pertenceu o rei *Hamurabi*, famoso pelo seu código de leis. Nesse tempo a cultura babilônica se espalhou pelo mediterrâneo e o Oriente Próximo.

Um dos mitos mais importantes é o de *Atrahasis*, o "sapientíssimo", trazendo a pré-história que é retratada em Gn 1–11. Ele fala também da criação do homem, que teve que trabalhar; da rebelião dos grandes deuses; da multiplicação da humanidade, que é castigada com o dilúvio; da arca salvadora em forma quadrada, que lembra os templos ou as torres feitas com muitos pisos (torre de Babel – *zigurat*); do repovoamento da terra graças a um sábio ou a um rei.

No mito de *Atrahasis* da Babilônia a revolta é feita pelos deuses inferiores contra os deuses superiores, e o ser humano é vítima das forças cósmicas divinizadas. Enquanto, na história bíblica, o responsável pela rebeldia humana é uma criatura, a serpente. Na cultura egípcia, a serpente *Apófis* se opõe à marcha do deus sol em direção à criação do dia, como também no mito de *Gilgamesh* da Babilônia. Desse mito se encontram fragmentos em Meguido, na região de Canaã. Nesses fragmentos a serpente derruba o homem da árvore da vida, porque esta ter-lhe-ia dado a imortalidade. Há quem afirme que, no Segundo Testamento, a linguagem mítica também está presente.

Presença do mito no Segundo Testamento

O tema do mito, como vimos no decorrer deste estudo, é uma tentativa de encontrar respostas às perguntas que todos os povos e o povo da Bíblia se faziam sobre as origens do universo, da vida, da humanidade. Uma vez que essas questões

50

Introdução ao mito

ultrapassam o entendimento humano e quanto mais questões de fé, vão além da história e são meta-históricas como: a parusia, a ressurreição de Jesus, a vida eterna, a ressurreição dos mortos e outras questões. Como essas são verdades da fé, não há como comprová--las cientificamente. A partir dessa compreensão, um grande estudioso da Bíblia, Bultmann,[6] afirma que: "A ressurreição de Cristo é um mito cristão, que traduz a fé nascida aos pés da cruz, fé em um Deus que salva o homem mediante a graça e que manifesta esta graça por ocasião da morte de Jesus".[7] Quando fala em "desmitologizar" realidades meta-históricas, ele as entende como o restabelecimento, na sua integridade existencial, da experiência que nos foi transmitida pelas comunidades cristãs primitivas.

Os discípulos fizeram a experiência histórica de comerem com Jesus ressuscitado, mas perceberam que ele não estava mais vivendo a mesma vida deles (Lc 24,30-3; 1Jo 21,9-12). Nem mesmo nas Escrituras há um mesmo modo de entender as verdades da fé, como, por exemplo, o juízo final. Mt 25,31-46 percebe-o como um ato público, quando Jesus vier na parusia, enquanto João o apresenta como um ato interior que acontece no momento em que a pessoa, diante de Jesus, se decide por crer ou não nele (Jo 3,18-21; 9,39; 12,31).

É preciso libertar-se das exigências científicas do homem contemporâneo que busca a exatidão, quando essas realidades ultrapassam o ser humano e entram na esfera da fé. Por isso, torna-se importante projetar um olhar mais atento sobre as narrativas iniciais da Bíblia.

---

[6] Rudolf Karl Bultmann (1884-1976), nascido na Alemanha, foi teólogo da Igreja Luterana. Ele interpretou ressurreição de Jesus como um evento existencial para o crente.

[7] MONLOUBOU, L.; DU BUIT, F. M. Mito. In: *Dizionario di Teologia Biblica. Storico Critico*. Roma: Borla, 1987, p. 649.

Novo olhar sobre as Escrituras

O título acima parte do pressuposto de que uma leitura ou interpretação sobre Gênesis do capítulo 1 ao capítulo 12 já foi dada aos cristãos, seja na iniciação cristã, como nas homilias que ouviu nas celebrações litúrgicas, ou ainda pelo seu interesse pessoal em ler a Bíblia, ou nos cursos de estudo da Bíblia. Os estudos bíblicos evoluem, e as pessoas normalmente não dão continuidade ao aprofundamento.

Os onze primeiros capítulos do livro de Gênesis refletem a influência das mitologias, que existiam na época, dos povos circunvizinhos. As narrativas de mito envolvem a divindade, o ser humano, que projeta suas narrativas nos tempos primordiais, como um acontecimento universal. Os autores bíblicos serviram-se delas e as construíram a partir da compreensão que tinham da própria fé.

Essas histórias se conservavam como parte do patrimônio cultural de cada povo, eram passadas adiante de pai para filho, de geração em geração, formando as tradições orais. Mais tarde, foram colocadas por escrito. Assim, por volta do século X a.E.C. nasceu a primeira narrativa (Gn 2,4b–3,24) atribuída ao grupo javista, pois chamava a Deus de *YaHWeH*. No século VI nasceu a segunda narrativa (Gn 1,1–2,4a) redigida pelo grupo sacerdotal, no exílio da Babilônia.

Essas narrativas conservam elementos característicos da linguagem do mito: a existência de jardins paradisíacos, de árvores frondosas que davam frutos apetitosos, de todas as espécies de aves, animais, peixes, do ser humano, da bênção ao sétimo dia, quando Deus descansou, depois de toda sua obra da criação. Quando elas foram escritas, a vida mineral, vegetal, animal e humana, já existia há milhões de anos sobre a face da terra, o que é matéria de estudo desde a escola elementar, que explica sobre as teorias do criacionismo e do evolucionismo, mesmo que jamais haja uma resposta exata sobre as origens.

Conclusão

O mito está presente em todos os povos e a visão que normalmente se tem de mito, pelo menos bíblica e da sociedade, não corresponde aos objetivos pelos quais ele nasceu. Predomina, em geral, o conceito de que ele é mentira, falso, tema dos povos originários, e em alguns textos bíblicos do Segundo Testamento é identificado como vã doutrina, falácia. Na verdade, é uma visão negativa que não faz jus a seus objetivos.

O mito, na verdade, é uma reflexão acurada sobre a realidade que circunda o ser humano. Muitas questões que ele se faz não encontram respostas exatas, e nunca será possível tê-las. Porque são questões que ultrapassam o seu tempo e conhecimento. Os estudos científicos, por exemplo, sobre a origem do universo, da vida vegetal, mineral, animal e humana do planeta terra, trabalham sobre hipóteses.

No nível da fé e dos textos bíblicos, o mito não tem a pretensão de ser um dogma ou uma verdade de fé, ele quer iluminar o que está inacessível e além do ser humano. Com relação às narrativas de mito de origem, é preciso ter presente que elas sempre envolvem a divindade, o ser humano, e são colocadas nos tempos primordiais. O mito quer aliviar a tensão humana diante da incompreensão de realidades que afligem o ser humano, como a doença, o sofrimento, a morte, a vida depois da morte.

4.
A criação em sete dias
(Gn 1,1–2,4a)

Introdução

O contexto geográfico no qual nasceu a narrativa de Gn 1,1–2,4a é a Babilônia, cujo império dominou sobre o Reino de Judá por volta do ano 587/6 a.E.C. Ele terminou com a monarquia, arrasou a cidade de Jerusalém, o templo, os muros, as casas e muitas cidades da região da Judeia. Exilou, para a Babilônia, grande parte da população israelita mais instruída, que lá chegou como prisioneira e escrava, não tendo direito ao descanso semanal.

Convivendo com os babilônios, conheceram seus costumes, sua cultura, suas tradições religiosas. Muitos israelitas sentiram-se atraídos pelas festas e ritos religiosos dedicados às divindades cultuadas pelos nativos. Eram povos politeístas que cultuavam o deus sol, a deusa lua, o deus *Marduk*, *Baal* e outros. Tinham, como todos os povos, as suas narrativas sobre a criação do cosmos e do ser humano.

O grupo sacerdotal, a quem é atribuída a narrativa de Gn 1,1–2,4a, zelava pela formação religiosa, pelo culto e pelas tradições dos israelitas. Por isso, ficou preocupado com os seus conterrâneos e correligionários que se desviavam da fé no seu Deus, pois estavam em constante contato com esses povos que não viviam a mesma fé no Deus UM. Eles seguiam outras tradições religiosas, cultuando diferentes divindades, e a cada uma delas era conferida uma obra da criação: a Baal era atribuída a

Visão de um povo sobre as origens da vida

fecundidade; *Eolo* era conhecido como o deus do vento; para os israelitas, o Deus UM é o Criador de tudo.

Eles animavam os exilados a pensarem na criação, obra maravilhosa do Deus UM, que tudo fez no universo. Se Deus fez tudo do nada, não poderia tirá-los do caos do exílio? Não poderia fazê-los voltar à sua terra, onde teriam liberdade para cultuarem o seu Deus? Deus poderia torná-los novamente um povo livre e feliz em sua terra. Essa esperança alimentava a fé do povo. E foi o jeito que o grupo sacerdotal encontrou para animar os exilados pela força transformadora da sua Palavra.

A força criadora da Palavra

O que chama a atenção numa primeira leitura de Gn 1,1–2,4a é o poder criador da Palavra de Deus. Ele tudo chamou à vida: o céu e a terra, o mundo mineral, vegetal, animal e humano, em seis dias, e, no sétimo dia, concluiu sua obra e descansou. O encanto com tudo o que tinha criado, fez com que exclamasse: "Deus viu tudo o que tinha feito: e era muito bom". Essa obra maravilhosa acontece em todo o universo, e não é situada num lugar específico, como veremos na narrativa de Gn 2,4b–3,24. O universo todo é o lugar onde Deus realiza a sua obra na totalidade do tempo, em sete dias e no espaço.

A preocupação maior do autor é, de fato, com o culto celebrado no sábado, o sétimo dia, o dia abençoado e santificado por Deus. O dia do descanso. Ele vem como coroamento dos seis dias trabalhados por Deus. Em cada dia da semana, o autor apresenta o que Deus fez, afunilando para o sétimo dia, o sábado. À educadora ou ao educador da fé é oferecida uma reflexão sobre o tema da criação, vista sob a ótica da aliança, bem como o sábado, dia em que essa aliança é renovada no culto oferecido ao Senhor. O objetivo é que ambos possam ter uma nova visão e interpretação, para colaborarem com uma reflexão mais consciente, real, responsável e crítica sobre os conteúdos bíblicos.

A criação em sete dias (Gn 1,1–2,4a)

O ser humano à imagem e semelhança de Deus

O ser humano é o ápice da criação: "Façamos o homem à nossa imagem, como nossa semelhança... Deus criou o homem à sua imagem, à imagem de Deus ele o criou, homem e mulher ele os criou" (Gn 1,26-27). A ele foi entregue o poder de dominar sobre a natureza e os demais seres viventes; esse domínio não lhe confere o direito de maltratar, arrasar e destruir a obra de Deus, mas, sim, de colocá-la a serviço do bem-estar de toda a humanidade, indistintamente.

A imagem de Deus nos é dada; ela é inerente ao ser criatura capaz de entrar na relação com ele, pois tem a essência divina em si. Enquanto a semelhança com Deus é escolha humana, faz parte da sua liberdade acolher a aliança de Deus. Ele precisa de sua livre colaboração, para assemelhar-se com ele em cada ato seu. Desse modo, a relação do ser humano: consigo mesmo, com a natureza, com os demais seres humanos, é orientada para o louvor e a glorificação de Deus, seu Criador. Pois "Deus viu que tudo isso era muito bom".[1]

O ser humano é criado à "imagem e à semelhança de Deus", e, como tal, imita a Deus ao realizar o seu trabalho, qualquer que seja ele. Mas só realiza a sua vocação de "imagem de Deus" ao estabelecer um diálogo com ele pelo repouso, pela oração, pela gratidão: o culto religioso. Essa é a finalidade do sábado, do sétimo dia, o dia do descanso. Nele se reservava um tempo especial para o culto a Deus. A preocupação com o descanso reflete a situação do povo fora da sua terra, em meio a um povo estrangeiro, onde o descanso não era uma prática habitual.

Os exilados, porém, sentiam a necessidade de ter um tempo livre para o descanso e o culto, para o louvor e a gratidão ao Deus Criador e Senhor de todo o universo. Se Deus, ao criar o

---

[1] Gn 1,10.12.18.21.23.25.31.

Visão de um povo sobre as origens da vida

mundo, trabalhou durante seis dias e no sétimo descansou, o ser humano, que é sua criatura, feita à sua imagem e semelhança, tem o mesmo direito. É ele que lhe dá esse direito. Nenhuma autoridade: rei, governador ou prefeito, pode tirar-lhe esse legado. Pois Deus está acima de todos eles.

Fundamento teológico do sábado

A preocupação do autor sacerdotal era, portanto, a de sustentar a fé do povo exilado que vivia fora de sua terra com saudade do templo, das festas e do culto a Deus celebrado no dia do descanso. Era como se o povo vivesse no caos e nas trevas. Se Deus havia tirado o caos e as trevas do universo no seu princípio e criado tudo, ele poderia, agora, fazer viver novamente o seu povo. Essa esperança sustentou a fé do povo no exílio. A intenção do autor é de dar um fundamento teológico à lei do sábado, o sétimo dia, o dia do descanso (cf. Ex 20,8). Por isso, ele apresenta o trabalho de Deus na criação como modelo e exemplo para o trabalho humano a ser santificado no sétimo dia.

O autor bíblico usa o esquema da semana, sete dias, para situar nela toda a obra da criação, como um evento histórico, tendo um começo e um fim, pois são criaturas finitas, mesmo que tudo tenha a sua razão de existir. Os luzeiros, por exemplo, exercem uma função importante, a de fixar o dia e a noite, o tempo, o calendário e as estações. E o dia mais importante nesse calendário, para o povo de Israel, é o sábado, conhecido como "Shabat", por ser o dia do descanso, símbolo máximo do judaísmo, porque é a celebração da liberdade, da igualdade e da justiça. Para a tradição religiosa islâmica, o dia do descanso é a sexta-feira; para os cristãos, o domingo.

O sábado, sinal da Aliança com Deus

O escravo não é livre, seu tempo não lhe pertence. Só a pessoa livre é dona do seu tempo, podendo dispor dele para satisfazer

A criação em sete dias (Gn 1,1–2,4a)

sua necessidade de descanso. O descanso é o coroamento do trabalho humano. Nesse dia, a pessoa não está sujeita às tensões e às exigências da vida cotidiana. E, sob o ponto de vista social, o descanso é a essência da igualdade. Nesse dia não há distinção de classe ou posição social. Por essa razão, torna-se também o clímax da justiça, pois é um direito de todos, não só dos seres humanos, mas também dos animais e até mesmo da terra. Todo ser humano, e não só os israelitas, tem o direito a um dia de descanso semanal. Nele é chamado a renovar a sua aliança com Deus, seu Criador.

Deus está na origem da vida

Há pessoas que entendem as narrativas bíblicas sobre a criação ao pé da letra. Ficam escandalizadas e com medo de perderem a própria fé, ao descobrirem que a preocupação primeira do autor bíblico é falar da importância do sábado, dia do descanso. Essas pessoas se fecham a novas interpretações, rejeitando-as e a tudo o que as ciências apresentam.

Há outras pessoas, sobretudo, na fase da adolescência, que, quando começam a estudar as teorias da criação e da evolução, entram em crise de fé, porque aquilo que aprenderam na catequese não lhes deu consistência, e se revoltam e abandonam a Igreja, porque ela não ensinou a verdade. Acreditam somente naquilo que pode ser comprovado pelas ciências; tudo o mais não tem valor.

Existem, ainda, pessoas que levam adiante a crítica dos fundamentos de sua fé para burilá-la, purificá-la e solidificá-la, segundo os ditames da fé bíblica. Elas avançam na compreensão da própria fé. Conseguem integrar fé e ciência por meio do estudo e do aprofundamento do significado que as Escrituras tinham para o povo de Israel ontem e têm para os cristãos no contexto atual.

Essas pessoas vão crescendo na fé esclarecida e, por isso, experimentam grande felicidade, porque essa Palavra alimenta a sua fé. Não estão preocupadas com a exatidão dos fatos, mas com o seu significado. Aceitam as novas interpretações da Bíblia. Levam em conta o seu gênero literário. Em nenhum momento, o autor afirma que a criação se deu da forma como foi descrita, mas a explicita com uma beleza ímpar, para dizer que Deus está na origem de toda a forma de vida mineral, vegetal, animal e humana.

Conclusão

Quando se lê a Bíblia, o(a) leitor(a) o faz a partir da sua experiência, com tudo o que é, com as perguntas, a sensibilidade, a cultura, a sua visão de Deus, que muitas vezes é influenciada por aquilo que ouviu, aprendeu, assimilou. Isso, de certa forma, condiciona e orienta a sua leitura, compreensão, aceitação ou não dessas narrativas bíblicas.

Por isso, muitas pessoas acham a Bíblia um livro estranho, difícil, incompreensível, porque se atêm ao sentido literal das narrativas bíblicas; elas se perguntam com quem se casou Caim, se ele tinha apenas um irmão? E como é que a Bíblia fala da descendência de Caim? Isso faz com que muitos abandonem a leitura, ainda mais quando ouvem dizer que a Bíblia é a Palavra de Deus, portadora da verdade, e que dela não se pode duvidar. É preciso ler a Bíblia com uma nova luz.

Deus, de fato, inspirou os autores bíblicos, mas ele também respeitou os limites humanos, as condições históricas das pessoas em cada época. Quando os textos bíblicos foram escritos, nem de longe os seus autores tinham a pretensão de que fossem textos sagrados; eles foram proclamados, como tais, muito depois, quando já haviam sido acolhidos pelas comunidades e serviam para sua orientação e o sustento de sua fé.

O autor do grupo sacerdotal, que pertencia a essa tradição, era o grupo responsável por alimentar a fé do povo em seu Deus e manter o culto religioso. Ele se encontrava no exílio da Babilônia e tinha contato com as narrativas de mito dos povos com os quais convivia. O primeiro capítulo do livro de Gênesis traz a criação do céu e da terra, pelo Deus de Israel, em sete dias. Esse procedimento é proposital.

Ele coloca a criação no tempo e no espaço, para dizer que ela tem um começo e terá um fim, porque é limitada e finita, até que o ser humano, pelo seu livre-arbítrio, não a destrua. Pois Deus a confiou ao ser humano para cuidar e cultivar e servir a todos. Por que o autor teria descrito a criação em sete dias? Para realçar o sétimo dia, que foi abençoado e santificado, porque é o dia do descanso, de Deus e de toda a sua obra. Do mesmo modo, o ser humano, criado à sua imagem e semelhança, tem direito ao descanso. Enquanto descansa, renova e celebra a sua aliança com o Criador.

1º tema:

"No princípio, Deus criou o céu e a terra" (Gn 1,1); "Deus abençoou o sétimo dia e o santificou, pois nele descansou..." (Gn 2,3)

Neste primeiro tema, proposto para a primeira narrativa de Gênesis 1,1–2,4a, sobre a criação em sete dias, será trabalhado o sétimo dia sob o enfoque da Aliança que Deus selou com o seu povo por meio do *Shabat*, o sábado, dia sagrado para o povo da Bíblia. Nele, esse povo faz memória da experiência da libertação da escravidão do Egito. Por isso, esse dia é abençoado e santificado pela comunidade israelita.

Segue o aprofundamento do tema de acordo com os passos da metodologia que foi proposta: sensibilização, diálogo interativo (leitura do texto bíblico, levantamento de questões, debate), espaço para criar e momento celebrativo (releitura do texto bíblico, atitude de vida, interiorização).

1) Sensibilização

A educadora ou o educador da fé, depois da saudação inicial, é convidada(o) a dar as boas-vindas às crianças, convidando-as a se apresentarem. Deseja-lhes um encontro muito abençoado, porque vamos falar sobre um assunto muito importante que interessa muito a todos nós.

Hoje nós vamos falar sobre a primeira narrativa de livro do Gênesis 1,1–2,4a. Vocês sabem sobre o que ela fala? (Pausa).

Visão de um povo sobre as origens da vida

Elaborar novas perguntas a partir daquilo que as crianças vão dizendo sobre a narrativa. Muito bem! E vocês querem conhecer mais? (Pausa). Vamos iniciar escutando uma canção sobre o planeta Terra. Quem conhece alguma canção sobre ele? (Pausa). Se alguém confirmar, peça que cante a música.

Orientação: Convidar as crianças a escutarem, em silêncio, a canção; na segunda vez, pode ser cantada; e, na terceira vez, com interpretação espontânea da canção.

Músicas: "O planetinha",[1] Pe. Zezinho; "Planeta água";[2] ou outra à escolha.

2) Diálogo interativo

O diálogo interativo compreende *a leitura do texto bíblico* do qual foi extraído o tema a ser debatido com os participantes. A forma de tomar conhecimento do texto pode variar: leitura individual ou coletiva, com o reconto do texto pela memória, ou leitura do texto bíblico de forma alternada pelos dias da criação, ou versículos pares e ímpares em dois grupos.

a) Leitura do texto bíblico de forma alternada pelo dia: Gênesis 1,1–2,4a

1º Dia

[1]Num *princípio,* Deus criou o céu e a terra.

[2]Ora, a terra estava vazia e vaga, as trevas cobriam o abismo, e um sopro de Deus agitava a superfície das águas.

[3]Deus disse: "Exista a luz!" E a luz existiu.

[4]Deus viu que a luz era boa. Deus separou a luz das trevas.

[5]Deus chamou à luz *dia* e às trevas *noite.* Houve uma *tarde* e uma *manhã: o primeiro dia.*

---

[1] OLIVEIRA, José Fernandes de (Pe. Zezinho, scj). *Criancices.* São Paulo: Paulinas/COMEP, 2002. CD: Faixa: 04.

[2] ARANTES, Guilherme. *Geração Pop.* São Paulo: WEA, 1993. CD. Faixa 02.

2º Dia

⁶Deus disse: "Exista um firmamento no meio das águas e que ele separe as águas das águas" e, assim se fez.

⁷Deus fez o firmamento, ele separou as águas debaixo do firmamento, das águas que estão acima do firmamento,

⁸e Deus chamou ao firmamento *céu*. Houve uma *tarde* e uma *manhã: o segundo dia.*

3º Dia

⁹Deus disse: "Que as águas que estão sob o céu se reúnam num só lugar e que apareça o continente" e assim se fez.

¹⁰Deus chamou ao continente *terra* e ao conjunto das águas, *mares*, e Deus viu que era bom.

¹¹Deus disse: "Que a terra produza hortaliças, verduras, plantas que deem sementes e árvores frutíferas, que deem sobre a terra, segundo sua espécie, e assim se fez".

¹²A terra produziu verdura: ervas que dão semente segundo a sua espécie, árvores que dão, segundo sua espécie, frutos contendo sua semente, e Deus viu que isso era bom.

¹³Houve *tarde e manhã: terceiro dia.*

4º Dia

¹⁴Deus disse: "Existam luzeiros no firmamento do céu para separar o *dia* da *noite*, sirvam para marcar *as festas, os dias e os anos*,

¹⁵que sejam luzeiros no firmamento do céu, para iluminar a terra", e assim se fez.

¹⁶Deus fez dois luzeiros maiores: o grande luzeiro como o poder do *dia* e o pequeno luzeiro como poder da *noite*, e as estrelas.

¹⁷Deus os colocou no firmamento do céu para iluminar a terra,

¹⁸para comandar o dia e a noite, para separar a luz e as trevas, e Deus viu que isso era bom.

¹⁹Houve uma *tarde* e uma *manhã: o quarto dia.*

5º Dia

²⁰Deus disse: "Fervilhem as águas um fervilhar de seres vivos e que as aves voem acima da terra, sob o firmamento do céu", e assim se fez.

²¹Deus criou as grandes serpentes do mar e todos os seres vivos que rastejam e que fervilham nas águas segundo a sua espécie, e as aves aladas segundo a sua espécie, e Deus viu que isso era bom.

²²Deus os abençoou e disse: "Sede fecundos, multiplicai-vos, enchei a água dos mares, e que as aves se multipliquem sobre a terra".

²³Houve *tarde e manhã: o quinto dia.*

6º Dia

²⁴Deus disse: "Que a terra produza seres vivos segundo a sua espécie: animais domésticos, répteis e feras segundo a sua espécie", e assim se fez.

²⁵Deus fez as feras segundo a sua espécie, os animais domésticos segundo a sua espécie, e todos os répteis do solo segundo a sua espécie. E Deus viu que isso era bom.

²⁶Deus disse: "Façamos o homem à nossa imagem, e como nossa semelhança, e que eles dominem sobre os peixes do mar, as aves do céu, e todos os animais domésticos, todas as feras e todos os répteis que rastejam sobre a terra".

²⁷Deus criou o homem à sua imagem, à imagem de Deus ele o criou, homem e mulher ele os criou.

²⁸Deus os abençoou e lhes disse: "Sede fecundos, multiplicai--vos, enchei a terra e submetei-a; dominai sobre os peixes do mar, as aves do céu e todos os animais que rastejam sobre a terra".

²⁹E Deus disse: "Eu vos dou todas as ervas que dão semente, que estão sobre toda a superfície da terra, e todas as árvores que dão frutos que dão semente: isso será vosso alimento.

"No princípio, Deus criou o céu e a terra" (Gn 1,1)

[30]A todas as feras, a todas as aves do céu, a tudo o que rasteja sobre a terra e que é animado de vida, eu dou como alimento toda a verdura das plantas", e assim se fez.

[31]Deus viu tudo o que tinha feito: e era muito bom. Houve *tarde e manhã: o sexto dia.*

7º Dia

[2,1]Assim foram concluídos o céu e a terra, com todo o seu exército.

[2]Deus concluiu no sétimo dia a obra que fizera e no sétimo dia descansou, depois de toda a obra que fizera.

[3]Deus abençoou o sétimo dia e o santificou, pois, nele descansou depois de toda a sua obra de criação.

[4]Essa é a história do céu e da terra, quando foram criados.

b) Levantamento de questões sobre o tema de Gn 1,1–2,4a

A educadora ou o educador pergunta ao grupo: Quem gostaria de falar sobre o que ouviu da narrativa de Gn 1,1–2,4a? (pausa para partilha).

Alguém quer acrescentar algo? (Pausa). Esse diálogo tem por objetivo esclarecer o grupo sobre o texto, de forma a prepará-lo para a tempestade mental de questões, para o debate.

c) O debate sobre as questões
Questões sobre o texto para melhor compreendê-lo:

- Quais foram as palavras mais repetidas na leitura deste texto? (Pausa) *Dia e noite; tarde e manhã. Festas, estações;*
- O dia e a noite têm quantas horas? (Pausa) – 24 horas.
- E uma semana tem quantos dias? (Pausa) – 7 dias.
- E um ano tem quantos meses? (Pausa) – 12 meses.
- Qual é a palavra que define tudo isso? (Pausa) – Tempo.

Vamos reler o texto bíblico e vocês vão prestar atenção quando o autor se referir a uma palavra com sentido de *tempo*. No final da leitura, fazer o levantamento das palavras que apareceram no texto que comunicam a ideia de tempo.[3]

Ajudar as crianças a perceberem que, por detrás do texto, há uma comunidade que reflete sobre a sua realidade e uma pessoa que resolve escrever. O que o autor do texto escreveu tem normalmente a ver com o interesse e os assuntos debatidos entre os membros que formam essa comunidade. Todo o texto é escrito por alguém que viveu num tempo determinado, no meio de um povo que tinha suas preocupações; ele pretende ajudá-los e fazer uma reflexão para trazer-lhes uma luz ou uma resposta às suas questões.

As questões a seguir podem ajudar a dar-lhes uma ideia. São apenas sugestões. O ideal é deixar as crianças formularem as perguntas, segundo as condições delas. O debate começa pelas perguntas feitas por elas. As que seguem são apenas sugestões.

Questões relacionadas ao texto lido e em debate:

- Onde vivia essa comunidade, quando foi escrito o texto de Gn 1,1–2,4a? (Pausa). No exílio da Babilônia, fora da sua terra.

- Quem escreveu o texto de Gn 1,1–2,4a? (Pausa). Grupo sacerdotal.

- Qual é a preocupação que o autor escondia por trás dessa narrativa? (Pausa). Falar sobre o sábado, o dia do descanso, dia de oferecer a Deus um culto.

- O autor bíblico afirma que Deus descansou no sétimo dia, ele precisa de descanso? (Pausa). Não.

- Por que então ele descansou?

---

[3] Gn 1,1: Num princípio; v. 5: tarde, manhã, dia; v. 8: tarde, manhã, dia; v. 13: tarde, manhã, dia; v. 14: dia, noite, "festas" – tem dias marcados, dias, anos, dia, noite, dia, noite, tarde, manhã, dia; v. 23: tarde, manhã, dia; v. 31: tarde, manhã, dia; Gn 2,2: dia, dia, dia.

"No princípio, Deus criou o céu e a terra" (Gn 1,1)

- Por que ele abençoou e santificou só o sétimo dia, o sábado? (Pausa). É o dia do descanso para os judeus.
- E, para os cristãos, qual é o dia de descanso? (Pausa). O domingo, porque foi o dia em que Jesus ressuscitou.
- E, para os muçulmanos, qual o dia do descanso? (Pausa). A sexta-feira.
- Você participa do culto religioso ou da missa? Por que você participa?
- Você é amiga(o) de Deus? Como você sabe se é ou não é?

As questões a seguir têm por objetivo ajudar a criança a refletir sobre a importância do tempo na sua vida, pois todo texto bíblico tem um recadinho para nós e quer nos iluminar, de forma a vivermos melhor os dons que Deus nos deu, e um deles é o tempo.

Questões atuais sobre o tempo na vida da criança:

- Que valor tem o tempo para você?
- O que faz de significativo (ou importante) para você e para os outros no seu dia a dia?
- Você já teve a vivência de tempo que não passa? Em quais situações?
- Quais os critérios que você usa para estabelecer um tempo para cada atividade que desenvolve no seu dia?
- Você conhece pessoas que, a seu ver, fazem bom proveito do tempo em suas vidas? Como isso acontece?
- Você conhece pessoas que, a seu ver, não fazem bom uso do tempo em suas vidas? Por que você pensa assim?
- Pedir que pergunte para os avós, ou pessoas idosas, como se sentem diante do tempo que já viveram. Quais foram os anos mais felizes? Quais foram os anos mais difíceis? Por quê?

Visão de um povo sobre as origens da vida

- Se tempo é questão de preferência e prioridade, como justificar a "falta de tempo"?
- Você conhece alguém que segue um calendário diferente do seu? O que isso representa para você?

Depois do diálogo sobre as questões levantadas, iniciam-se as atividades que são propostas no "Espaço para criar", com o objetivo de memorizar a narrativa bíblica e refletir, sob um novo olhar, com base nas explicações da educadora ou do educador da fé e das sugestões dadas em cada atividade.

3) Espaço para criar

Desenvolvimento das atividades
Atividade I: Jogo de tabuleiro (Gn 1,1–2,4a)

Objetivos:

- completar o percurso dos seis dias da criação até chegar ao sétimo dia (dia do descanso);
- fixar a sequência dos dias da criação;
- descobrir a importância do sétimo dia.

Materiais:

Cartolina ou papel kraft, papel sulfite A4, canetinhas ou lápis de colorir, um dado, cola, tesoura e pedrinhas coloridas (ou outro material ao alcance, como botões, fichas, tampinhas de garrafa, entre outros).

Preparação do jogo:

Selecionar os seres e elementos criados em cada dia, seguindo o texto bíblico. No papel sulfite, fazer círculos do mesmo tamanho, na quantidade dos elementos selecionados do texto. Dentro de cada círculo, escrever um dos seres ou elementos. Use dois círculos maiores para indicar o início e fim do jogo. Recortar e colar os círculos na sequência do texto, em forma de

"No princípio, Deus criou o céu e a terra" (Gn 1,1)

caracol, na cartolina ou no papel kraft. Em outro papel sulfite, desenhar e recortar alguns retângulos e, em cada retângulo, anotar uma pergunta referente ao texto para ajudar na fixação. Escolher alguns círculos e escrever neles: "Pegue uma carta". Se desejar, esses círculos podem ter com uma cor diferente para facilitar a visualização.

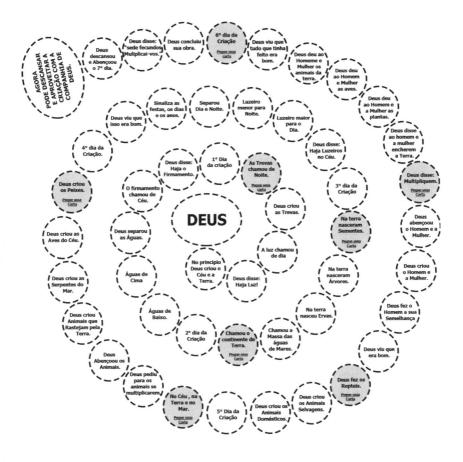

Modelo: Gn 1,1–2,4a

Visão de um povo sobre as origens da vida

Responda:	Responda:	Responda:	Responda:	Responda:
O que Deus Criou no 1º dia?	De que Deus chamou a Luz?	Qual é o nome do luzeiro que governa a noite?	O que nasceu na terra no 3º dia da criação?	Onde ficam as águas que foram separadas?
Responda:	Responda:	Responda:	Responda:	Responda:
Qual é o nome do luzeiro que governa o dia?	Em que dia da criação Deus separou as águas?	Diga o nome de 4 animais domesticos.	O que Deus criou no 5º dia?	Diga os nomes de 4 arvores que você conhece.
Responda:	Responda:	Responda:	Responda:	Responda:
O que Deus criou no 4º dia?	O que Deus fez no 7º dia?	O que Deus criou no 6º dia?	Em que dia Deus criou os peixes?	Diga o nome de 4 peixes que você conhece.

Outras sugestões de perguntas:

1. Que tipo de luz você conhece?
2. Diga na sequência, com os seus colegas, o que Deus fez desde o primeiro até o sétimo dia da criação.
3. Firmamento e céu são sinônimos?
4. Em qual dia Deus chamou a massa de água de mares?
5. Onde ficam as águas de cima?
6. Para que Deus abençoou os animais?
7. Em que dia Deus criou a lua?
8. O que significa continente em Gn 1?

"No princípio, Deus criou o céu e a terra" (Gn 1,1)

9. Diga os nomes de quatro sementes que você conhece.

10. Qual é a importância da lua?

11. Em qual dia Deus criou e abençoou os animais?

12. Em qual dia Deus criou o firmamento?

13. Em qual dia Deus chamou continente de terra?

14. Em qual dia Deus criou o luzeiro menor?

15. O que Deus criou no segundo dia?

16. Diga o nome de quatro aves que você conhece.

17. Diga o nome de um animal que rasteja.

18. Em qual dia Deus separou o dia e a noite?

19. Diga o nome de quatro animais que vivem no mar.

20. O que Deus criou no terceiro dia?

21. Diga dois nomes de répteis que você conhece.

22. O que nasceu na terra além das sementes?

23. Diga três formas de luz que você conhece?

24. Em que nós somos à imagem e semelhança de Deus?

25. Diga o nome de cinco plantas comestíveis que você conhece.

26. Diga o nome de quatro aves comestíveis que você conhece.

27. O que Deus disse no primeiro dia?

28. Diga o nome de quatro animais selvagens que você conhece.

29. Qual é o sétimo dia que Deus abençoou e santificou?

30. O que Deus criou primeiro?

31. Qual foi a segunda coisa que Deus criou?

32. De que Deus chamou as trevas?

33. Como Deus deu nome ao homem e à mulher?

34. Diga dois tipos de águas que ficam abaixo do firmamento.

Sugestão: esta atividade poderá ser desenvolvida por um ou mais grupos, dependendo do número de crianças. Este jogo é indicado para crianças entre 7 a 12 anos.

Participantes: duas ou mais crianças.

Como jogar:

Cada criança escolhe uma pedrinha para usar como peça. Sortear, entre as crianças, a ordem de participação. A primeira criança sorteada joga o dado e o número que sair será a quantidade de casas que ela deverá andar com sua pedrinha. Se a pedrinha da criança cair em uma casa indicando que deverá pegar uma carta, ela lê a pergunta em voz alta e a responde. Em seguida passará o dado para a(o) próxima(o) colega. O jogo finaliza quando uma delas chegar ao final do percurso. A educadora ou o educador convida todas as crianças a se abraçarem, comemorando as conquistas e a participação de todos/as.

Avaliação da experiência

- O que vocês sentiram ao participar dessa atividade?

- A partir deste sentimento, o que você gostaria de falar com Deus?

Atividade II: montando a criação (Gn 1,1–2,4a)

Objetivos:

- identificar os elementos criados em cada dia da criação;

- montar um painel com esses elementos.

Materiais:

E.V.A., cola, cartolina ou papel kraft, tesoura, figuras com imagens de elementos criados em cada dia da criação.

Dicas: a educadora ou o educador convida as crianças a encontrarem as figuras ou imagens com os elementos da criação, segundo o exemplo a seguir.

"No princípio, Deus criou o céu e a terra" (Gn 1,1)

Visão de um povo sobre as origens da vida

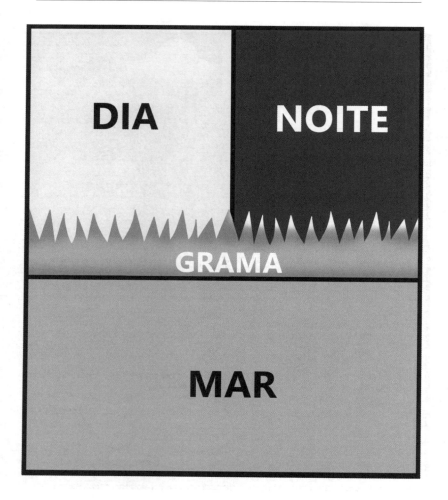

"No princípio, Deus criou o céu e a terra" (Gn 1,1)

Preparação do jogo:

Colar as figuras no E.V.A. e recortar o seu contorno. Embale cada figura em um saquinho e esconda na sala onde será realizado o encontro, antes de as crianças chegarem. Em uma mesa, deixar disponível o papel kraft ou cartolina e uma cola.

Participantes: duas ou mais crianças.

Como jogar:

Após a leitura e/ou conto do texto bíblico de Gn 2, dizer para as crianças que no ambiente foram escondidos vários pacotes. Pedir que, juntas, os encontrem. Colocar uma música, enquanto elas procuram pelos pacotes escondidos. Após encontrarem todos os pacotes, reunir todas em volta da mesa, onde se encontra a cartolina ou o papel kraft e a cola. Recontar como foi o primeiro dia da criação. E, juntas, as crianças deverão colar na cartolina ou no papel kraft as imagens referentes ao que foi criado naquele dia, e assim sucessivamente até o sétimo dia da criação. Pegar a cartolina ou o papel kraft já com todas as imagens coladas, formando, assim, o jardim da criação, e fixar em um local visível. Convidar as crianças a se sentarem à frente da montagem que elas fizeram e recontar o sétimo dia, admirando a reprodução que realizaram da obra de Deus.

Avaliação da experiência

- O que sentiram enquanto montavam a imagem da criação?
- Por que é importante o sétimo dia?
- A partir desse quadro, o que você mais agradece a Deus?

4) Momento celebrativo

A educadora ou o educador convida as crianças a se sentarem em círculo, ao redor da Bíblia, colocada em destaque. Nesse momento, elas são convidadas a fazerem partilha da experiência que viveram no encontro: dizer do que mais gostaram ou fazer algum comentário que desejarem. Concluída a partilha, fazer a releitura do texto de Gn 1,1–2,4a que segue, na linguagem em que esta narrativa seria relida hoje.

a) Releitura do texto bíblico 1,1–2,4a

No princípio, tudo era vazio e escuro. De repente, houve uma grande explosão de uma luz tão forte, que sua claridade equivalia à força de um milhão de sóis! Com o surgimento da luz, houve a divisão entre escuro e claro: o primeiro dia.

Depois da grande explosão, viam-se milhares e milhares de pedaços voando desordenadamente em todas as direções. Os detritos de grandes dimensões foram esfriando, lapidando-se e formando os planetas (inclusive o planeta Terra), sóis e luas, que se agruparam formando os sistemas solares, as galáxias o universo e o cosmo: o segundo dia.

O nosso planeta começou a se desenvolver, ajeitando sua estrutura física, o que criou os relevos da sua superfície, como as profundezas e as montanhas. As profundezas foram preenchidas com água, e essa grande massa líquida foi chamada de oceano. Com o passar do tempo, os primeiros sinais de vida começaram a surgir na água: o terceiro dia.

Quando tudo se aquietou, o céu ficou tão limpo que foi possível contemplar as estrelas, o sol e a lua. Quando tudo ficava claro, aparecia o sol e era "dia". Quando tudo ficava escuro, aparecia a lua e estrelas no espaço, e era "noite". Com o sol e a lua, foi possível aprendermos a contar o tempo, estações do ano, criar calendários...: o quarto dia.

Em seu tempo, começaram a surgir a flora com suas plantas, flores, árvores, frutas, conforme a sua espécie. Também foi aparecendo a fauna, com seus peixes e aves. Tudo se multiplicava: o quinto dia.

Depois surgiram os animais pequenos e grandes, conforme a sua espécie. Tudo se multiplicava. Também, eis que surge o ser humano sábio – racional. Era a imagem e semelhança de seu Criador. Por isso foi dado ao ser humano a missão de dominar, ou seja, cuidar de tudo (da terra, da natureza, das plantas, do ar, da água, dos bichos, das aves e dos peixes) com carinho, amor e respeito: o sexto dia.

Chegou o tão esperado sétimo dia. Este é o dia dedicado ao descanso, à folga do trabalho e ao agradecimento, pois, afinal: "Tudo o que surgiu era muito bom"! Já ia me esquecendo... Este dia também serve para nos lembrar de que tudo o que é finito tem um FIM.

b) Atitude de vida

Nesse tema refletimos sobre a narrativa da criação de Gn 1,1–2,4a. O que aprendi de bom no encontro de hoje? Em que a nossa conversa me compromete a ter novas atitudes no meu dia a dia?

c) Interiorização

Há um texto muito interessante no livro de Eclo 3,1-8, que está na Bíblia. Ele fala sobre o *tempo*. Alguém gostaria de lê-lo para nós? (Pausa para leitura). Você gostou dele? Por quê? O que ele nos ensina? (Pausa).

Música para finalizar: "As quatro estações".[4]

---

[4] SANDY & JÚNIOR. *As quatro estações*. São Paulo: Universal Music, 2001. CD. Faixa: 13.

5.
A consciência do limite humano e o respeito ao espaço vital (Gn 2,4b–3,24)

Introdução

Quando Israel começou a se formar como povo, muitos outros coexistiam na mesma região, como os cananeus, heteus, amorreus, ferezeus, jebuseus e outros, mas a sua história não se poderia iniciar sem falar das remotas origens[1] do universo e da humanidade. Por isso, teve início com a história das origens da humanidade, servindo-se de narrativas com fundo mitológico existentes na terra de Canaã e posteriormente da Babilônia, as quais falavam da criação do homem, da mulher, de jardins paradisíacos, de árvores frondosas que davam frutos apetitosos, da serpente tentadora, de querubins que expulsaram os humanos do paraíso.[2]

O autor bíblico faz uso desse material, sem a preocupação de citar sua fonte nem seu simbolismo. Eles foram integrados e adaptados à fé de Israel pelo grupo javista, que teve a preocupação de explicar o destino de Israel, uma vez que as promessas dadas a Abraão se realizaram não só para Israel, mas para toda a humanidade, segundo a visão do grupo javista retratada em Gn 12,3: "Abençoarei os que te abençoarem, amaldiçoarei os que te amaldiçoarem. Por ti serão benditos todos os clãs da terra".

---

[1] A primeira narrativa de Gn 1,1–2-4a, conforme já vimos, surgiu no período do exílio da Babilônia, por volta de 587 a.E.C., portanto, depois da narrativa javista, e com ela inicia-se a leitura da Bíblia.

[2] ARANA, André Ibañez. *Para compreender o livro de Gênesis*. São Paulo: Paulinas, 2003, p. 51-75.

Visão de um povo sobre as origens da vida

A primeira narrativa sobre a criação[3] nasceu no exílio da Babilônia, no séc. VI a.E.C., e foi escrita pelo grupo sacerdotal, como já vimos. Ela abre as narrativas do Gênesis. A segunda narrativa de Gn 2,4b–3,24, embora tenha sido escrita antes, foi colocada em segundo lugar. Sua redação é provavelmente do tempo do Rei Salomão, por volta do século X a.E.C. Salomão é tido como rei sábio, empreendedor de muitas obras, inclusive do Templo de Jerusalém.

Uma leitura atenta sobre aquilo que os autores bíblicos escreveram sobre ele, além do seu lado glorioso, mostra também o seu lado sombrio, por ter sido infiel ao Senhor, casando-se com um grande número de mulheres estrangeiras e idólatras, e por ter sido opressor, explorando o seu povo com trabalho escravo nas muitas construções que empreendeu no seu reinado (1Rs 5,27-32; 9,15-19). Esse contexto de exploração, dominação, se reflete no final da narrativa (Gn 3,12-19), prática muito criticada pelo movimento profético de Israel.

Até o período persa, no pós-exílio, Israel acreditava que o mal não vinha de Deus, que a ele não podiam ser atribuídos os males que afligiam a humanidade. Se Deus fez tudo benfeito, desde as origens, de onde viria a presença do mal? Se não vem dele, então, só pode vir do ser humano que pecou e é culpado por ter inviabilizado o projeto original de Deus (Ef 1,3-4).

Visão javista da criação

Deus criou tudo benfeito desde as suas origens, e no ápice dessa criação colocou o ser humano, masculino e feminino. Eles experimentaram fundamentalmente, na própria vida, o bem e o mal. Segundo algumas culturas, a morte é vista como um mal necessário e definitivo; não é aceita com tranquilidade, como um

---

[3] Gn 1,1–2,4a.

processo natural, sendo, em geral, precedida por sofrimento, doença, limites, dependência, ou seja, dificuldades inerentes a este processo degenerativo normal, pois somos finitos por natureza.

A terra foi feita para produzir frutos para o sustento dos seres criados e, no entanto, ela produz espinhos e cardos; o trabalho do homem nem sempre é prazeroso e traz os resultados esperados, pois, às vezes, exige muito suor e cansaço. A mulher gera os filhos na dor e no sofrimento, tendo que realizar dupla jornada para somar na renda familiar. O autor percebe que na sociedade de seu tempo há conflitos de terra, violência, exploração, dominação, injustiças, desigualdades.

Observa essa realidade a seu redor e, como outros povos, constata que a mesma situação atinge a todos. Ele se pergunta que sentido tem a vida humana. Lança um olhar sapiencial sobre a vida, as pessoas, e se dá conta de que nela há a presença do bem e do mal. Coloca-se a questão: será que foi assim desde o princípio? O que aconteceu desde os inícios e até o momento presente? Ao ler a realidade e as narrativas sobre as origens do universo e da humanidade de outros povos, influenciado por elas, o autor constrói a sua narrativa e conclui que pudesse ter havido uma ruptura entre o Criador e sua criatura.

A esta ruptura ele chamou de "desobediência ao interdito de Deus"; desconhece os detalhes de como ter-se-ia dado o processo do rompimento, e o constrói de maneira tal que leitores cheguem a identificar os elementos da linguagem simbólica e figurativa.[4] E, a partir dessa consciência, ele constrói a sua narrativa, tendo presente, de um lado, os elementos mitológicos dos quais tomou conhecimento: um jardim maravilhoso, paradisíaco, com árvores de todas as espécies e tamanhos, com frutos saborosos, com uma variedade imensa de flores, espécies e cores, com

---

[4] Pessoa alguma vai acreditar que Deus tenha feito um boneco de barro para criar o primeiro homem. O autor convida o leitor a ir além, para compreender o sentido que ele quis dar: Deus está na origem da vida, dele depende o sopro vital que está no ser humano.

água abundante, além da divindade que, à brisa da tarde, passeia com o homem e a mulher. Havia uma serpente, a mais astuta de todos os animais. E, de outro lado, a realidade histórica da sua experiência e do seu povo marcado pelo bem e pelo mal.

Esse substrato da narrativa fornece a estrutura em quatro atos, dando uma nova organização na sequência do texto: a fala da iniciativa divina e de seu dom; da exigência divina ligada ao dom; da ruptura do ser humano com o interdito de Deus; a fala de Deus que: questiona, dá a sentença e expulsa, como veremos, mais adiante. O enfoque dessa narrativa está na criação do homem e da mulher (Gn 3,4b-8.18-24), na queda e expulsão do paraíso (Gn 2,9.15-16); e o termo que une essas narrativas é o jardim.

Releitura bíblica de Gn 3,15

Se esse texto guarda alguma relação com o dogma do pecado original, proclamado pela Igreja Católica, sua expressão é simbólica e encontra sua fonte em afirmações muito posteriores das Escrituras, em relação ao "pecado das origens", em Gn 3,15: "Porei hostilidade entre ti e a mulher, entre tua linhagem e a linhagem dela. Ela te esmagará a cabeça, e tu lhe ferirás o calcanhar". Este texto fala da hostilidade fundamental entre a serpente e a humanidade; e alguns livros bíblicos, como o da Sabedoria, Romanos, a 1ª Carta aos Coríntios, dele fazem uma leitura messiânica. Paulo faz uma releitura cristã a partir de Jesus, o Messias.

Na Carta aos Romanos: "Eis por que, como por meio de um só homem o pecado entrou no mundo e, pelo pecado, a morte, assim a morte passou a todos os homens, porque todos pecaram. Pois até chegar à Lei havia pecado no mundo; o pecado, porém, não é levado em conta quando não existe lei" (Rm 5,12-13). Paulo crê que Adão abriu as portas para a morte, o castigo do pecado, conforme afirma o livro de Sabedoria: "Deus criou o homem para a incorruptibilidade e o fez imagem de sua própria natureza: foi por inveja do diabo que a morte entrou no mundo: experimentam-na aqueles que lhe pertencem" (Sb 2,23-24).

Paulo conclui, dessa visão do livro da Sabedoria, que o pecado entrou no mundo por meio da falta inicial de Adão, a qual muito posteriormente constituiu a doutrina do pecado original. E por que essa narrativa teria interessado a Paulo? Para estabelecer o paralelo entre a obra do primeiro Adão e a reparação superabundante com o segundo Adão.[5] É na qualidade de "novo Adão", imagem na qual, Deus restaura sua criação[6] por meio de Cristo, que salva a humanidade.

A opção consciente para o mal, o pecado, separa o ser humano de Deus, esta é a morte espiritual e "eterna", da qual a morte física é sinal.[7] Paulo insiste em descrever como se deu o processo pelo qual o pecado entrou no mundo desde os inícios, por meio de um só homem,[8] e trouxe como consequência a morte para todos,[9] que viviam numa situação de pecado,[10] cuja realidade foi revelada com a chegada da Lei de Moisés e de seu papel.[11]

Na 1ª Carta aos Coríntios, quando Paulo fala sobre a ressurreição, retoma o enfoque sobre Adão: "Com efeito, visto que a morte veio por um homem, também por um homem veio a ressurreição dos mortos. Pois, assim como todos morrem em Adão, em Cristo todos receberão a vida" (1Cor 15,21-22). Aqui não se trata apenas da morte biológica, mas de algo que envolve o ser humano como

---

[5] Rm 5,15-19; 1Cor 15,21-25.

[6] Rm 8,29; 2Cor 5,17.

[7] Sb 1,13.

[8] Rm 12a.15a.17a.

[9] Rm 12b.13b.17a.

[10] Rm 5,12d.19a.

[11] Ex 12,13.20.

um todo: morte espiritual pelo pecado e vida ressuscitada pela justiça e no amor. Observe que Paulo não fala da ressurreição dos pecadores como menciona João 5,29 e Atos 24,15.

Elementos significativos da narrativa da criação

O *Jardim de Éden*, na língua original, o hebraico, Éden, nos inícios pode ter significado "estepe" e, para os israelitas, é um lugar de "delícias" e refere-se a uma localidade geográfica desconhecida. Na versão grega, a expressão foi traduzida por paraíso de Éden. No livro de Ezequiel, fala-se de jardim de Deus: "Éden é o jardim de Deus",[12] e em Isaías: "Éden é o jardim de Yahweh", o que, na verdade, se oporia à estepe e ao deserto, que tem sua beleza própria, mas não a do jardim.

Árvore da vida aparece duas vezes nessa narrativa, em Gn 2,9, plantada no meio do jardim como símbolo da imortalidade, e reaparece no final da narrativa de Gn 3,22, ameaçada pelo ser humano, que dela poderia apoderar-se para comer dos seus frutos e viver para sempre.

A árvore do bem e do mal,[13] como a árvore da vida, encontra-se no meio do jardim, citada depois dela, e é vista como um privilégio de Deus (Gn 3,17) e como algo que o ser humano quer usurpar (Gn 3,5.22). Aqui não se trata da onisciência humana nem do discernimento moral, que Deus não recusa à sua criatura. Ela é a faculdade do ser humano de decidir por si mesmo o que é bem e o que é mal e agir conforme a reta consciência.

A serpente é apresentada pelo autor como inimiga do ser humano e hostil a Deus. Ela se opõe ao interdito de Deus, como se

---

[12] Ez 28,13; 3,19.

[13] A árvore do bem e do mal é citada em Gn 2,9.16.17.

A consciência do limite humano e o respeito ao espaço vital (Gn 2,4b–3,24)

ele quisesse esconder ao homem e à mulher o que lhes aconteceria caso comessem do fruto proibido. Suscita curiosidade e desconfiança nas palavras do Criador. O que é natural pela natureza da serpente é apresentado pelo autor como castigo, arrasto sobre o próprio vente, e comer do pó da terra. O diálogo entre ela e a mulher faz parte do processo de amadurecimento. A mulher se dá conta da atração do fruto, que não pode ser comido, mas não consegue resistir a ele.

Na primeira narrativa da criação, é Deus quem cria o homem e a mulher à sua imagem e semelhança, enquanto, na segunda narrativa, é o homem e a mulher que desejam construir a própria história, ambos levados pela tentação: "sereis como deuses". Como entender o castigo de Deus à mulher e ao homem? Atinge a mulher na sua capacidade de gerar a vida, como esposa, e sofre como consequência as dores do parto e a dominação do homem. O marido é atingido na sua força de trabalhador, por sofrer o cansaço, o suor, sem os resultados esperados.

Diferentes interpretações do mesmo texto bíblico

O texto bíblico não pode ser mudado na sua redação e forma original; ele precisa ser conservado da forma como foi copiado de cópias dos originais, o que torna possível fazer leituras ou interpretações diferentes do mesmo texto, para a melhor compreensão dos seus leitores. Neste estudo serão priorizadas quatro interpretações, com diferentes enfoques: a literalista faz uma leitura como se Gn 2 e 3 fossem uma narrativa histórica; a leitura libertadora centra a sua atenção no respeito ao limite e ao espaço vital; a leitura na ótica da aliança que Deus propõe ao ser humano; e na leitura cristã, a partir de Jesus Cristo, segundo Paulo, e dos Santos Padres.

Visão de um povo sobre as origens da vida

Interpretação literalista: histórica, exata, linear e genealógica

A leitura de Gn 2 e 3, como narrativa histórica, não leva em conta o seu gênero literário, de fundo mitológico, cujas narrativas foram criadas por outros povos e que influenciaram os autores bíblicos, nos textos sobre as origens do universo e da humanidade. Na leitura literal, a narrativa é retratada como um acontecimento histórico, sem grandes detalhes, apresentando uma convivência harmoniosa e perfeita entre o casal, que respeita o interdito de Deus, vivendo em paz com o seu Criador e passeando com ele no jardim de Éden.

Lidas sob o enfoque de um acontecimento histórico, exato, linear e genealógico, é esse o modo como essas narrativas são apresentadas na Bíblia: "Deus criou o universo maravilhoso e perfeito: com os planetas, os animais que vivem na terra, no firmamento e nas águas; plantas de todas as espécies, árvores frutíferas, com todos os sabores, ervas e verduras, e neste jardim maravilhoso colocou o ser humano, mulher e homem. Tudo o que Deus fez é muito bom" e perfeito, diz o primeiro capítulo de Gênesis. No meio do jardim plantou a árvore da vida e a árvore do conhecimento do bem e do mal.

Deus confiou ao ser humano toda a sua criação, para que ele cuidasse e a cultivasse. E lhe pediu que respeitasse o seu interdito de não comer do fruto da árvore do conhecimento do bem e do mal: "Podes comer de todas as árvores do jardim. Mas da árvore do conhecimento do bem e do mal não comerás, porque no dia em que dela comeres terás de morrer" (Gn 2,16). A ordem do Senhor abriu-lhes a possibilidade de comerem de todas as árvores do jardim, com uma ressalva à árvore do conhecimento do bem e do mal, para não sofrerem a consequência da morte.

A serpente insinuou a concorrência de Deus com o ser humano, apresentando o mandamento como um interdito frustrante

(Gn 3,1). E, por não respeitarem o interdito de Deus, foram expulsos do paraíso e sofreram as consequências anunciadas pelo seu ato de "desobediência": dominação, violência, sofrimento, maldade, morte.

A chave de interpretação desses dois capítulos de Gênesis tem sido o "pecado de desobediência" a Deus, feito pelos "primeiros pais", e a transferência da responsabilidade da culpa do homem para a mulher, da mulher para a "serpente", e as consequências disso recaíram sobre todas as gerações, desde as origens da humanidade.

Nesse enfoque, a narrativa de fundo mitológico é lida como narrativa de um fato histórico, exato e linear, como se fosse uma história genealógica familiar, sem levar em conta o seu gênero literário, o significado que essas narrativas carregam.

O autor bíblico coloca na boca da serpente[14] um falso oráculo contra a mulher, tirando a base do interdito de Deus: "Não, não morrereis! Mas Deus sabe que, no dia em que dele comerdes, vossos olhos se abrirão e vós sereis como deuses, versados no bem e no mal" (Gn 3,4-5); o que teria suscitado na mulher e no homem o desejo de serem como Deus, adquirindo o conhecimento. Teriam arruinado a harmonia e optado pela ruptura com Deus (Gn 3,5-6). Foram castigados e expulsos do paraíso, e, como consequência, sujeitos à morte (Gn 3,14-24).

O autor, movido por esses pensamentos, segundo a sua compreensão, escreveu essa narrativa e a transferiu para a origem do gênero humano como sendo o casal que deu origem a toda a humanidade. Todos os seus descendentes herdaram também as consequências do "pecado de desobediência", os males, a morte.

---

[14] A serpente, na cultura do Antigo Oriente, representa a força hostil a Deus e ao seu plano. Ela personifica o mal, o sedutor. É identificada na Bíblia com diferentes nomes: dragão, antiga serpente, satã, acusador, diabo, demônio, besta, belial, belzebu.

Interpretação libertadora: consciência do limite e respeito ao espaço vital

Na interpretação genealógica, normalmente se valorizam muito as "palavras" da serpente, quando em nenhum lugar está escrito que o conhecimento é exclusividade de Deus e que ele se diz superior ao ser humano. Ela insinua a concorrência entre Deus e o ser humano, relativiza e distorce o interdito de Deus que, na verdade, demarca o limite e promove o espaço vital necessário na relação com o outro e Deus, segundo Wénin:

> A serpente apresenta a lei unicamente como uma interdição frustrante (Gn 3,1). Contudo, se em vez de nos deixar conduzir por ela e nos fixar no limite estabelecido pela lei, levamos em consideração todos os dons que o Senhor Deus faz ao homem para sua felicidade (Gn 2,16), somos levados a ler de outra forma a ordem divina, essa palavra, "que cria a ordem". Uma vez que tudo é dado na gratuidade de Deus (Gn 2,16), o interdito marca um limite (Gn 2,17) e define um espaço para o outro, o que é indispensável para a vida.[15]

A eliminação desse limite implicaria um querer absoluto, que teria como consequência inevitável a quebra da harmonia nas relações e, como consequência, a morte. Por isso, a ordem do Senhor Deus, que incluiu todos os outros dons, é criadora de vida, porque abre espaço para o outro, respeitando as suas diferenças, condição necessária para o desenvolvimento e o crescimento de uma felicidade partilhada e não egoísta. O limite vem proteger o dom total: "Podes comer de todas as árvores do jardim" (Gn 2,16). Isso para nos dizer que é dom para todos, e não propriedade ou posse egoísta de alguns, que dele se apropriam indevidamente.

---

[15] WÉNIN, André. *O homem bíblico*. São Paulo: Loyola, 2006, p. 22.

Essa narrativa tem a preocupação de oferecer ao povo de Israel uma orientação sobre o que fundamenta a fé no seu Deus, que fez uma aliança com o seu povo. Uma iniciativa gratuita que vem ao encontro do ser humano, dando-lhe a vida e todos os bens para a sua sobrevivência (Gn 2,15-16; 3,2-3). Contudo, Deus propõe-lhe o respeito a um interdito: "Mas da árvore do conhecimento do bem e do mal não comerás, porque no dia em que dela comeres terás que morrer" (Gn 2,17). O respeito ao interdito de Deus é a fidelidade à aliança, que significa respeitar o espaço vital próprio, do outro, da natureza e de Deus.

Interpretação a partir da Aliança

Essa interpretação parte da livre iniciativa do amor de Deus que cria o ser humano, dando-lhe a vida, a liberdade da escolha, uma companheira, dentro do limite humano; uma lei que lhe põe um limite, como forma de respeito ao espaço vital próprio, do outro, de Deus e da natureza. Se levarmos em conta o gênero literário,[16] é possível fazer uma leitura a partir da aliança de Deus com o ser humano. Essa leitura está na base da narrativa, que pode ser apresentada em quatro atos, conforme segue:

a) a iniciativa de Deus em criar o homem, dar-lhe a vida, o jardim e a mulher, é expressão evidente de seu desejo de comunhão com o ser humano (Gn 2,4b-15.18-25);

b) e ao fazer-lhe a exigência ligada ao dom, de guardar o mandamento e a lei com suas cláusulas (Gn 2,16-17);

c) ele está propondo-lhe uma aliança bilateral. A quebra dessa aliança é a transgressão do interdito de Deus (Gn 3,6);

d) essa transgressão trouxe-lhe consequências: o interrogatório, as sentenças e a expulsão (Gn 3,8-24).

---

[16] Gênero literário é a forma, oral ou escrita, com a qual se exprime um pensamento. Ele leva em conta o conteúdo, o ambiente, o autor e o receptor.

Aceitar a aliança, nessas condições, implica respeito ao espaço vital próprio, do outro, de Deus e da natureza; daí a razão do interdito de Deus. Nesse enfoque, vemos que a narrativa é a expressão do amor de Deus que cria o ser humano e deseja viver com ele uma comunhão autêntica que possibilite vida digna e feliz para todos os que aderirem ao seu projeto. A escolha e opção são livres. Deus ofereceu-lhe os dons e estabeleceu uma ordem para traçar um caminho para a comunhão. Nessa relação Deus e o ser humano se estabeleceram como parceiros que se dão um ao outro, naquilo que são, e não como donos e dominadores.

A narrativa, no enfoque da aliança e da liberdade da escolha, considera Deus como soberano, que cria o ser humano e tudo faz para a sua felicidade, propondo-lhe uma aliança que implica a relação consigo, com outro, com Deus e a natureza. A primeira dimensão diz respeito ao espaço vital próprio, na relação consigo mesmo, respeitando o próprio corpo, como morada e templo vivo do Espírito.[17] Zelar pelo dom significa cuidar da própria saúde, alimentação, descanso, lazer... Na segunda dimensão, o respeito ao espaço vital do outro, tratando-o como o seu semelhante, irmão e irmã, sem dominar e explorar; antes promover a vida, e vida em abundância para todos. A terceira dimensão diz respeito ao espaço vital do sagrado, Deus presente como Pai que reconhece a sua obra e provê por ela, sustentando-a. Por fim, a dimensão da relação com os bens, a natureza, respeitando a obra da criação como dádiva para sobrevivência digna e igual para todos, e não como posse egoísta de alguns.

Negar ou decidir por não respeitar uma das quatro relações fundamentais implica na ruptura e na quebra da harmonia das demais relações, pela invasão do espaço vital próprio, do outro, de Deus e da natureza. Dessa ruptura nasce a morte.[18] Deus não criou o ser humano para sufocá-lo, castigá-lo, ou exigir dele o sacrifício do melhor. Ele é radicalmente amor desde o princípio;

---

[17] Rm 8,1-13; Jo 14,23.

[18] WÉNIN. André. *O homem bíblico: leituras do Primeiro Testamento*. São Paulo: Loyola, 1992. p. 21-22.

assim se revelou ao longo da história do povo de Israel, e esse seu amor chegou ao seu auge, dando-nos o seu Filho Jesus.

Porque se rompeu essa aliança nas quatro dimensões principais das relações do ser humano: consigo mesmo, com o outro, com Deus e com a natureza, Deus enviou o seu Filho Jesus, por amor, para nos testemunhar e ensinar o seu amor consigo mesmo, com o ser humano, com o Pai e com a natureza. O Filho, que estava junto do Pai, tomou forma humana no seio de uma mulher, segundo Fl 2,6-11. Tornou-se mortal como nós, para revelar-nos o verdadeiro amor e respeito a nós mesmos, como morada da Trindade pelo Batismo; o amor e o respeito aos outros como irmãos e irmãs entre nós; o amor e o respeito a Deus como filhos amados; o amor e o respeito à natureza, aos bens, numa relação de partilha, e não de posse egoísta. Deus propõe uma aliança fazendo uma parceria com o ser humano, uma aliança por meio de um interdito. Enquanto ele põe limites, torna-se ao mesmo tempo criador de vida e nos permite entrar na reciprocidade com o outro e com Deus.

Ao romperem a aliança, o homem e a mulher resistem em aceitar a própria condição (Gn 3,8-24), responsabilizando o outro pela sua fragilidade, buscando justificativas para os seus erros, responsabilizando os outros pelos próprios desacertos e omissões. No enfoque da aliança de Deus com o seu povo, este recebeu o dom da vida, o sustento, os bens como dádivas do seu amor e uma lei geradora de vida como resposta a um amor generoso e fiel.

Interpretação cristã de Gn 3,15

Na interpretação dos Padres da Igreja, há um aceno messiânico na tradição judaica antiga de Gn 3,15: "Porei hostilidade entre ti e a mulher, entre a tua linhagem e a linhagem dela. Ela te esmagará a cabeça e tu lhe ferirás o calcanhar". Foram feitas diferentes interpretações desse texto.[19] Tanto no Primeiro

---

[19] Para alguns, é uma luta de morte entre a descendência da serpente e a descendência da mulher; para outros, o versículo diz respeito à serpente; a tradição cristã viu neste texto o "protoevangelho" que fala da vitória do Messias.

Testamento[20] quanto no Segundo, encontramos releituras desses capítulos iniciais de Gênesis,[21] embora não correspondam a uma leitura e interpretação judaica de Gn 2 e 3, e sim uma ressonância na releitura cristã.

Na interpretação cristã, Jesus é o Salvador prometido e enviado por Deus para redimir a humanidade de seus pecados. A vida e a missão de Jesus se limitariam, então, a perdoar pecados? Essa não seria uma visão limitadora e parcial do Projeto de Jesus? A adesão à sua pessoa não implicaria uma mudança de atitudes, uma conversão, para entrar no Reino pela porta estreita? Essa é uma visão parcial, incompleta e negativa da vida e missão de Jesus, porque o pecado é a negação da vida.

A verdadeira razão pela qual Jesus veio a este mundo, como ele mesmo afirma: "Eu vim para que todos tenham vida e tenham vida em abundância" (Jo 10,10). Bastaria o perdão dos pecados para que houvesse vida e vida em abundância para todos? Não. Jesus afirma que seu Pai é glorificado quando produzimos muito fruto e nos tornamos seus discípulos (cf. Jo 15,8).

E o que significa tornar-se discípula(o) de Jesus, senão seguir os passos do Mestre na justiça, na igualdade como irmãos e irmãs do mesmo Pai, revelando o rosto misericordioso do Pai para com todos, mas, sobretudo, para com os pobres, os pequenos, os que não têm vez e voz na sociedade, não têm quem os defenda.

E todos aqueles que aderem ao projeto de Jesus, realizam a mesma missão. Não estariam sujeitos a pagar, até com a vida, o preço de suas opções? Será que basta participar da missa ou rezar em casa? O que significa ser proativa(o) na construção do Reino de Deus? Estes questionamentos já nos introduzem numa outra possibilidade de leitura desses capítulos iniciais do livro de Gênesis.

---

[20] Sb 1,13-14; 2,23-24. O autor do livro da Sabedoria identifica o diabo com a serpente do paraíso.

[21] Rm 5,12-21; 7,14-24; 1Cor 15,21-25, são textos que falam da entrada do pecado e da morte no mundo.

O interesse do autor bíblico

Na verdade, o autor bíblico não teve interesse em contar-nos como foi o começo do mundo. Propôs uma reflexão sapiencial a partir da realidade que ele observava a seu redor, daquilo que os seus olhos podiam ver, do que seus ouvidos escutavam das pessoas que conviviam com ele no dia a dia, das reflexões que nasciam entre eles, e considerou tudo isso válido para todos e em todos os tempos.

Ele tentou responder, a seu modo, perguntas existenciais do seu tempo que o ser humano sempre se colocou e continua se colocando: De onde viemos? Para onde vamos? Por que sofremos? Por que temos que trabalhar e ganhar o pão com o suor do nosso rosto? Por que existe o mal no mundo? Quem fez o mal? Por que a mulher tem que dar à luz, em meio às dores do parto? Por que morremos? Por que o homem domina a mulher? A serpente não rastejava antes? Por que um inocente sofre? Por que o ímpio prospera e o justo vai mal? Por que a criança inocente sofre? E muitas outras.

Essas questões são universais e inerentes à condição humana de criaturas finitas, questões relacionadas com a origem do universo, da humanidade, da realidade humana sofrida ainda hoje. E cujas perguntas, ainda hoje, continuam sendo feitas, talvez pela nossa incapacidade de aceitarmos a condição de limite, de finitude. O autor bíblico quis, acima de tudo, denunciar o que trava a liberdade humana ao fazer suas escolhas conscientemente, sem responsabilizar os outros pelos seus erros.

Buscou tirar a venda de nossos olhos para enxergarmos os dons que a bondade de Deus nos ofereceu e oferece a cada dia, na beleza do universo, da vida mineral, vegetal, animal e humana, mesmo com os seus limites. Ele quis, acima de tudo, prevenir o leitor diante das ciladas do mal, que querem impedir o ser humano de assumir, de forma consciente e responsável, a sua vida e a sua história, sem colocar sobre os outros a própria responsabilidade (Gn 3,14-19).

É por meio dessas narrativas de fundo mitológico que o ser humano olhou para o passado, procurando entender o presente e a si próprio. Diante desse mistério, todos os povos tentaram dar uma resposta à sua maneira, criaram narrativas que envolveram os deuses, o ser humano e foram transferidas para os tempos primordiais. Essa é a característica central do mito, como já vimos.

O limite, o mal e a morte

A dor normalmente precede e evoca a morte, e esta é vista como um 'mal" definitivo, quando, na verdade, o sofrimento faz parte da condição humana de criaturas. Nós somos finitos, limitados em tudo e mortais. O ser humano se dá conta de que todos igualmente sofrem, pois, trabalham e se afadigam, e a terra não lhes devolve os frutos na mesma proporção dos esforços investidos. Antes, produz espinhos, como diz o texto bíblico. A mulher também gera os filhos na dor, sofre para criá-los. O relacionamento do marido com a sua mulher, com frequência, é de dominação e não de reciprocidade.

Os limites humanos são de toda a natureza, desde o físico até o espiritual, do emocional ao psíquico, do cognitivo ao intelectual. Todos eles não são necessariamente um mal, muito menos fruto de um pecado. Mas evidenciam a nossa condição humana de criaturas limitadas. Pois não somos onipotentes, nem onipresentes e nem imortais. Desde que fomos criados, nascemos nessa condição de contingência e de dependência, sofremos para manter a vida, prover o nosso sustento, conservar a saúde, viver felizes.

Quando as relações são desequilibradas, opressoras, desiguais, geram um sofrimento maior ainda. Esse sofrimento Deus não quer, porque ele é fruto do desamor, da prepotência humana.

Por isso, Deus nos enviou o seu Filho amado na "plenitude dos tempos", os tempos messiânicos, para ensinar-nos a amar a nós mesmos como morada do seu Espírito, ao próximo, como irmãos e irmãs, a Deus como nosso Pai e dele somos filhos e filhas, e à natureza como nosso hábitat que produz o sustento para todos. O grande útero de Deus onde toda a forma de vida é gestada.

Conclusão

A leitura e interpretação dos textos bíblicos são abertas e livres, não se limitam a uma interpretação; quanto mais interpretações houver, maior é a riqueza das mesmas. Na tradição dos sábios de Israel, havia a possibilidade de ter no mínimo setenta interpretações diferentes do mesmo texto. Dentre as muitas leituras possíveis de Gn 2 e 3, há a leitura na perspectiva do respeito ao limite humano, que impede de invadir o espaço vital próprio, do outro, de Deus, da natureza. O contrário traz o desequilíbrio nas quatro dimensões das relações humanas. Se apenas uma delas se desequilibrar ou romper, todas as demais se desequilibram. Mas também, quando elas estão em harmonia, há crescimento e vida para todos.

Com frequência, encontramos pessoas que fazem uma leitura literalista ou ao pé da letra. E, como consequência, nascem interpretações errôneas, que escravizam, discriminam, e acima de tudo criminalizam injustamente a mulher, como sendo responsável pelo pecado "original", que entrou no mundo com suas consequências nefastas para toda a humanidade e de todos os tempos. São leituras infundadas, baseadas em narrativas de fundo mitológico. Se não forem entendidas no seu significado e simbolismo, sendo interpretadas como narrativas exatas, "matamos" a riqueza do texto.

Na perspectiva cristã, Jesus é o enviado do Pai, que nos veio ensinar, com sua vida, seus ensinamentos e seus gestos, a criar

Visão de um povo sobre as origens da vida

novas relações na harmonia nas quatro dimensões das relações humanas, como: morada do Espírito Santo, filhos e filhas do Pai, irmãos e irmãs entre nós, capazes de partilhar os bens da natureza doados por Deus, para sustento de todos. Realizando o projeto do Pai, Jesus trouxe-nos a salvação e, como consequência, o perdão dos pecados. Com a consciência, porém, de que Jesus foi assassinado pelo poder religioso e civil instituído no seu tempo.

Os capítulos de Gn 2 e 3 retomam a criação, enfocando, sobretudo, na criação do ser humano, macho e fêmea, no interdito de Deus para não comerem os frutos da árvore do conhecimento do bem e mal, na experiência da fragilidade de não conseguirem resistir à tentação que resultou na queda, no castigo e na expulsão do paraíso. Não restam dúvidas de que é uma narrativa de mito que sofreu retoques do autor, para adequá-la à fé de Israel.

Mais do que analisar a narrativa como experiência de transgressão de um interdito de Deus, é preciso ver que ela fala de respeito ao limite humano, pois fomos criados por Deus, segundo a fé bíblica, e somos criaturas limitadas à condição da fragilidade humana, mas isso não necessariamente pode ser considerado um mal, e sim um dom de Deus, que deu a vida e tudo o que é necessário para a sobrevivência.

O que é visto como interdito de Deus, na verdade, é o limite humano que precisa ser respeitado na relação do ser humano com ele mesmo, com os outros, com Deus e com a natureza. Se o ser humano não respeitar o limite de sua condição de criatura, que não é onipotente, ele invade o espaço vital próprio, do outro, de Deus e da natureza. E as consequências dos seus atos podem ser geradoras de vida ou de morte, a depender da orientação que a pessoa der para os seus atos e a sua vida.

2º Tema:

"Deus plantou um jardim em Éden" (Gn 2,8)

A educadora ou o educador da fé saúda as crianças acolhendo-as com um abraço. Interessa-se por saber como foi a semana; se alguém se lembra do tema que foi trabalhado no encontro anterior. Faz memória do conteúdo, das atividades que foram desenvolvidas. Pede às crianças para partilharem qual foi a boa ação que elas escolheram para realizar durante a semana que passou (Pausa para a partilha). Observar se todas as crianças têm a oportunidade de partilhar.

1) Sensibilização

A educadora ou o educador da fé motiva as crianças para trabalhar o tema do "Jardim de Éden". A palavra jardim foi traduzida do hebraico para o grego, por "Paraíso". Com qual outra palavra, nós podemos substituir a palavra paraíso? (Pausa). Por Céu. Alguém gostaria de partilhar sobre a relação que pode haver entre: Jardim de Éden, Paraíso e Céu? (Pausa para reflexão).

Músicas: "Cio da terra"[1]; "Canção da criança"[2] ou outra à escolha.

2) Diálogo interativo

A educadora ou o educador estimula as crianças a conhecerem o texto de Gênesis 2 e 3, propõe uma nova leitura do texto para

---

[1] NASCIMENTO, Milton. *Millenium.* São Paulo: Sony Music, 1998. CD. Faixa: 09.

[2] GRANAES, Nizan; BARBOSA FILHO, José. *Meninando.* São Paulo: Grupo OPA Art, 1980. CD. Faixa: 08.

Visão de um povo sobre as origens da vida

os dias atuais, a elaborarem questões relacionadas ao texto e a debatê-las com as/os colegas. Vamos iniciar pela leitura do texto que pode ser feita por versículos espontaneamente, ou pelos atores do texto de forma dialogada, ou ainda por um/a ou mais leitores/as. Conforme a modalidade escolhida a educadora ou o educador distribui os papéis ou funções que cada participante vai desempenhar.

a) Leitura do texto bíblico: Gênesis 2,4b-25 – em forma dialogada

Comentarista 1: [2,4b] No tempo em que o Senhor Deus fez a terra e o céu, [5]não havia ainda nenhum arbusto dos campos sobre a terra e nenhuma erva dos campos tinha ainda crescido, porque o Senhor Deus não tinha feito chover sobre a terra e não havia homem para cultivar o solo. [6]Entretanto, um manancial subia da terra e regava toda a superfície do solo. [7]Então, o Senhor Deus modelou o homem com a argila do solo, insuflou em suas narinas um hálito de vida e o homem se tornou um ser vivente.

Comentarista 2: [8]O Senhor Deus plantou um jardim em Éden, no oriente e aí colocou o homem que modelara. [9]O Senhor Deus fez crescer do solo toda a espécie de árvores formosas de ver e boas de comer e a árvore da vida no meio do jardim e a árvore do conhecimento do bem e do mal. [10]Um rio saía de Éden para regar o jardim e de lá se dividia formando quatro braços. [11] O primeiro chama-se *Fison*: rodeia toda a terra de *Hévila*, onde há ouro; [12]é puro o ouro dessa terra na qual se encontram o *Bdélio* e a pedra de ônix. [13]O segundo rio chama-se *Geon*: rodeia toda a terra de *Cuch*. [14]O terceiro rio se chama Tigre: corre pelo oriente da Assíria. E o quarto rio é o Eufrates. [15]O Senhor Deus tomou o homem e o colocou no jardim do Éden para o cultivar e o guardar. [16]E o Senhor Deus deu ao homem este mandamento:

Deus – menina: "Podes comer de todas as árvores do jardim. [17]Mas da árvore do conhecimento do bem e do mal não comerás, porque no dia em que dela comeres terás que morrer".

Comentarista 1: [18]O Senhor Deus disse:

Deus – menina: "Não é bom que o homem esteja só. Vou fazer uma auxiliar que lhe corresponda".

Comentarista 2: [19]O Senhor Deus modelou então, do solo, todas as feras selvagens e todas as aves do céu e as conduziu ao homem para ver como ele as chamaria: cada qual devia levar o nome que o homem lhe desse. [20]O homem deu nome a todos os animais, às aves do céu e a todas as feras selvagens, mas para o homem, não encontrou a auxiliar que lhe correspondesse. [21]Então o Senhor Deus fez cair um torpor sobre o homem, e ele dormiu. Tomou uma de suas costelas e fez crescer carne em seu lugar. [22]Depois, da costela que tirara do homem, o Senhor Deus modelou uma mulher e a trouxe ao homem. [23]Então o homem exclamou:

Homem – meninos: "Esta sim, é osso de meus ossos, e carne de minha carne! Ela será chamada 'mulher', porque foi tirada do 'homem'".

Comentarista 1: [24]Por isso, o homem deixa seu pai e sua mãe, se une à sua mulher, e eles se tornam uma só carne. [25]Ora, os dois estavam nus, o homem e sua mulher, e não se envergonhavam.

[3,1]A serpente era o mais astuto de todos os animais dos campos, que o Senhor Deus tinha feito. Ele disse à mulher:

Serpente – todos: "Então, Deus disse: 'Vós não podeis comer de todas as árvores do jardim?'

Comentarista 2: [2]A mulher respondeu à serpente:

Mulher – meninas: "Nós podemos comer do fruto das árvores do jardim. [3]Mas do fruto da árvore que está no meio do jardim, Deus disse: Dele não comereis, nele não tocareis, sob pena de morte".

Comentarista 1: [4]A serpente disse então à mulher:

Serpente – todos: "Não, não morrereis! [5]Mas Deus sabe que, no dia em que dele comerdes, vossos olhos se abrirão e vós sereis como deuses, versados no bem e no mal".

Comentarista 1: [6]A mulher viu que a árvore era boa ao apetite e formosa à vista, e que essa árvore era desejável para adquirir discernimento. Tomou-lhe do fruto e comeu. Deu-o também a seu marido, que com ela estava, e ele comeu. [7]Então abriram-se os olhos dos dois e perceberam que estavam nus, entrelaçaram folhas de figueira e se cingiram. [8]Eles ouviram o passo do Senhor Deus que passeava no jardim à brisa do dia e o homem ew a mulher se esconderam da presença do Senhor Deus, entre as árvores do jardim. [9]O Senhor Deus chamou o homem:

Deus – menina: "Onde estás?"

Comentarista 2: Disse ele:

Homem – meninos: [10]"Ouvi teu passo no jardim".

Comentarista 1: Respondeu o homem:

Homem – meninos: 'Tive medo, porque estou nu e me escondi'.

Comentarista 2: [11]Ele retomou:

Deus – menina: "E quem te fez saber que estavas nu? Comeste, então, da árvore que te proibi de comer!"

Comentarista 1: [12]O homem respondeu:

Homem – menino: "A mulher que puseste junto de mim me deu da árvore, e eu comi!"

Comentarista 2: [13]O Senhor Deus disse à mulher:

Deus – menina: "Que fizeste?"

Comentarista 1: E a mulher respondeu:

Mulher – meninas: "A serpente me seduziu e eu comi".

Comentarista 2: [14]Então o Senhor Deus disse à serpente:

Deus – menina: "Porque fizeste isso és maldita entre todos os animais domésticos e todas as feras selvagens. Caminharás sobre teu ventre e comerás poeira todos os dias de tua vida. [15]Porei hostilidade entre ti e a mulher, entre tua linhagem e a linhagem dela. Ela te esmagará a cabeça e tu lhe ferirás o calcanhar".

Comentarista 1: [16]À mulher ele disse:

Deus – menina: "Multiplicarei as dores de tuas gravidezes, na dor darás à luz filhos. Teu desejo te impelirá a teu marido e ele te dominará".

Comentarista 2: [17]Ao homem ele disse:

Deus – menina: "Porque escutaste a voz de tua mulher e comeste da árvore que eu te proibira de comer, maldito é o solo por causa de ti! Com sofrimento dele te nutrirás todos os dias de tua vida. [18]Ele produzirá para ti espinhos e cardos, e comerás a erva dos campos. [19]Com o suor de teu rosto comerás teu pão, até que retorne ao solo, pois dele foste tirado. Pois, tu és pó e ao pó tornarás".

Comentarista 1: [20]O homem chamou sua mulher "Eva", por ser a mãe de todos os viventes. [21]O Senhor Deus fez para o homem e para a sua mulher umas túnicas de pele, e os vestiu. [22]Depois, disse o Senhor Deus:

Deus – menina: "Se o homem é já como um de nós, versado no bem e no mal, que agora ele não estenda a sua mão e colha também da árvore da vida, e coma e viva para sempre!".

Comentarista 2: [23]E o Senhor Deus o expulsou do jardim do Éden, para cultivar o solo de onde fora tirado. [24]Ele baniu o homem e o colocou, diante do jardim do Éden, os querubins

Visão de um povo sobre as origens da vida

e a chama da espada fulgurante, para guardar o caminho da árvore da vida.

Retomada do texto para a sua compreensão e aprofundamento

A educadora ou o educador da fé retoma com as crianças a leitura feita e dialoga com elas sobre o texto. Alguém gostaria de resumir com suas palavras o que foi lido? (Pausa). O que chamou mais sua atenção durante a leitura do texto? (Pausa).

Como o nosso tema vai ser sobre o "Jardim de Éden", que foi traduzido também por "paraíso", vamos reler os versículos que falam dele? Gn 2,8.9.10.15.16; Gn 3,1.2.3.8(2x).10.23.24. Alguém gostaria de anotar no quadro o que cada versículo fala do jardim?

- *Gn 2,8:* Senhor Deus plantou um jardim em Éden;
- 2,9: fez crescer a árvore da vida no meio do jardim;
- 2,10: um rio saía de Éden para regar o jardim;
- 2,15: Deus colocou o homem no jardim de Éden;
- 2,16: podes comer de todas as árvores do jardim.
- *Gn 3,1:* de todas as árvores do jardim;
- 3,2: fruto das árvores do jardim;
- 3,3: no meio do jardim;
- 3,8: passeava no jardim;
- 3,8: entre as árvores do jardim;
- 3,10: ouvi teu passo no jardim;
- 3,23: Expulsou do jardim de Éden;
- 3,24: colocou diante do jardim de Éden.

b) Levantamento de questões

A educadora ou o educador convida as crianças a conversarem de duas em duas para formularem uma pergunta sobre o texto lido. Vocês vão escrever no caderno a pergunta de vocês, e na hora certa vão fazê-la ao grupo. A educadora ou o educador não dará as respostas, mas as crianças buscarão as respostas entre elas. Terá a palavra quem estiver com o dado em mãos. E este será passado a outra criança, mediante o levante de mão. Se elas tiverem dificuldade de formularem suas perguntas, podem servir-se das questões sugeridas para a compreensão do texto, para a interpretação e para trazerem para a atualidade.

c) O debate sobre as questões

Questões para a melhor compreensão do texto bíblico!

O que existe neste Jardim de Éden?

De que você gostou mais do que existe no Jardim de Éden?

Você se lembra do nome de um dos quatro rios?

O texto fala que Deus modelou a mulher e a trouxe ao homem: O que o homem falou da mulher? (v. 23).

Como ela é chamada?

Quem foi que tentou a mulher? (Pausa). Serpente fala? (Pausa). Não, então quem falou para a mulher? (Pausa). A voz da consciência. Não é assim que acontece conosco? Quando a gente vai fazer alguma coisa errada, a gente se sente incomodado/a, não é? O que é isso? É a voz da consciência.

O que eles sentiram depois que comeram do fruto proibido? (Pausa). (vv.7-11).

O que Deus fez para eles? (Pausa). (v. 21).

Questões para levar a uma nova interpretação do Jardim de Éden/ Paraíso/Céu

Qual era a condição para viverem no Jardim de Éden?

Como eles viviam antes de comer do fruto da árvore que está no meio do jardim?

Qual era a preocupação que envolvia a comunidade e o autor, quando ele escreveu este texto?

Vocês acham que Adão e Eva foram expulsos do Jardim de Éden porque comeram a fruta ou por que desobedeceram e romperam a aliança com Deus?

O que eles perderam ao serem expulsos do Jardim de Éden?

Você gostaria de morar no Jardim de Éden?

Questões atuais sobre a exatidão da narrativa

Este lugar existiu mesmo?

Será mesmo um lugar? Não pode ser um jeito de viver?

Há pessoas que afirmam: Esta casa é um inferno! O que elas quiserem dizer?

Há as que dizem: A minha casa é um céu na terra! O que elas querem dizer?

O paraíso ou o céu pode ser aqui? Por quê?

O paraíso, então, não é um lugar e sim um jeito de viver e conviver?

Quem é que decide se deseja viver no céu ou no inferno?

Qual é o ensinamento que o autor quis dar a nós, hoje?

3) Espaço para criar

Desenvolvimento das atividades

Neste espaço a educadora ou o educador propõe por meio das atividades a memorização das narrativas bíblicas em questão;

"Deus plantou um jardim em Éden" (Gn 2,8)

num segundo momento, propõe uma nova leitura e interpretação dos textos bíblicos, oferecendo, deste modo, uma leitura libertadora e amadurecida das Escrituras por meio de jogos e atividades apropriados à faixa etária.

Atividade I
Revele em palavras o que é feito na mímica

Objetivo: Utilizar da mímica para que seja identificada a parte do texto que está sendo encenada.

Materiais: Papel, caneta e um saquinho ou caixinha.

Preparação do jogo

Separar o texto bíblico que será trabalhado em pequenas partes.

Fazer tiras largas de papel. Em cada uma, escrever um versículo ou parte dele (Não precisa ser exatamente como está escrito na Bíblia, mas da forma como foi passado para o grupo).

Depois, dobrar cada tira e colocar em um saquinho ou caixinha.

Participantes: Três ou mais crianças.

Como jogar

Após a explicação, leitura e/ou conto do texto bíblico, pedir a cada participante que pegue um papel dobrado, leia-o sem deixar que nenhum de seus colegas veja o que nele está escrito. Dar a todos 5 minutos para planejar a mímica da frase que sorteou. Com o grupo reunido, um de cada vez irá à frente para fazer a mímica que possibilite identificar a frase bíblica representada (Lembrando que não poderá, em nenhum momento, utilizar palavras ou emitir sons durante a encenação.). A atividade termina após a apresentação de todos os participantes.

107

Visão de um povo sobre as origens da vida

Modelo: Gênesis 2,4b-25

No tempo em que o Senhor fez a terra e o céu. Não havia ainda nenhum arbusto dos campos sobre a terra e nenhuma erva dos campos tinha ainda crescidoz.

... Porque o Senhor Deus não tinha feito chover sobre a terra e não havia homem para cultivar o solo. Entretanto, um manancial subia da terra e regava toda a superfície da terra.

Então o Senhor Deus modelou o homem com a argila do solo, insuflou em suas narinas um hálito de vida e o homem se tornou um ser vivente.

O Senhor Deus plantou um jardim em Éden, no oriente e ao colocou o homem que modelara.

O Senhor Deus fez crescer do solo toda a espécie de árvore formosas de ver e boas de comer e a árvore da vida no meio do jardim e a arvore do conhecimento do bem e do mal.

Um rio saía de Éden para regar o jardim e de lá se dividia formando quatro braços.

O primeiro chama-se Físon: rodeia toda a terra de Hévila, onde há ouro; é puro ouro dessa terra na qual se encontram o bdélio e a pedra de ônix.

O segundo rio chama-se Geon: rodeia toda a terra de Cuch.

O terceiro rio se chama Tigre: corre pelo oriente da Assíria. O quarto rio é o Eufrades.

O Senhor Deus deu ao homem este Mandamento: "Podes comer de todas as árvores do jardim. Mas da árvore do conhecimento do bem e do mal não comerás, por que no sai em que comeres terás que morrer"

O Senhor Deus disse: "Não é bom que o homem esteja só. Vou fazer uma auxiliar que lhe corresponda".

O Senhor Deus modelou então, do solo, todas as feras selvagens e todas as aves do céu e as conduziu ao homem para ver como ele as chamaria: cada ave do céu e a todas as feras selvagens lhe desse.

O homem deu nome a todos os animais, as aves do céu e a toas as feras selvagens, mas para o homem, não encontrou a auxiliar que lhe correspondesse.

Então o Senhor Deus fez cair um torpor sobre o homem, e ele dormiu. Tomou uma de suas costelas e fez crescer carne em seu lugar.

Depois, da costela que tirara do homem, o Senhor Deus modelou uma mulher e a trouxe ao homem.

Então o homem exclamou: "Esta , sim, é osso de meus ossos e carne de minha carne! Ela será chamada 'mulher', porque foi tirada do 'homem'.

Por isso, o homem deixa seu pai e sua mãe, se une á sua mulher, e eles se tornam uma só carne.

Ora, os dois estavam nus, o homem e sua mulher, e não se envergonhavam.

Sugestão

Dependendo do texto bíblico a ser utilizado poderá colocar alguns objetos para ajudar o grupo na mímica.

"Deus plantou um jardim em Éden" (Gn 2,8)

Avaliação da experiência

Como você se sentiu ao fazer a mímica?

O que você agradece a Deus pelo que ele criou em um dos dias da criação.

Essa atividade contribuiu para você refletir mais sobre este texto?

Atividade II
Quebra-cabeça – Gn 2,4b–3,24

Objetivo

Rever as informações que as crianças já adquiriam sobre Gn 2,4b–3,24.

Perceber a diferença entre a narrativa da criação de Gn 1 e Gn 2.

Material

Uma imagem da Criação (com animais, lagos, homem e mulher, sol, lua, entre outros), tesoura, cola, cartolina, balões e uma caixa ou saco grande.

Preparação do Jogo

Colar a imagem na cartolina. Recortar em peças de quebra--cabeça (se desejar pode usar o modelo de recorte). Imprimi-lo em tamanho maior, colar atrás da cartolina já com a imagem e recortar as peças. Separar algumas peças e colocar dentro de alguns balões (não coloque em todos os balões para dificultar um pouco a procura). Encher todos os balões com e sem as peças e colocar na caixa ou saco. Colocar as peças restantes em um envelope e deixar em cima de uma mesa onde as crianças possam montar o quebra-cabeça.

Visão de um povo sobre as origens da vida

Modelo:

Participantes: Duas ou mais crianças.

Como jogar

Após a leitura e/ou conto do texto bíblico de Genesis 2, convidar as crianças a montarem o quebra-cabeça com peças faltando. Quando elas perceberem que não estão conseguindo finalizar, pois não possuem todas as peças, abrir o saco ou a caixa e dizer a uma delas para pegar um balão e estourá-lo. Se tiver com uma peça do quebra-cabeça, ela retorna ao grupo e tenta encaixá-la. Caso não tenha nenhuma peça dentro do balão, outra criança irá escolher outro balão. E assim seguirá até que encontrem todas as peças faltantes ao quebra-cabeça.

Avaliação da experiência

O que esse jogo acrescentou ao seu estudo Gn 2,4b–3,24?

O que você aprendeu com a montagem do quebra-cabeça?

4) Momento celebrativo

A educadora ou o educador convida as crianças a se sentarem no chão ou nas cadeiras e colocarem à frente as atividades que realizaram. Fazer memória com eles sobre o que foi feito até aqui, desde o início do encontro. A reflexão sobre o texto bíblico por meio do diálogo interativo com as perguntas, partilhando sobre as atividades realizadas.

a) Releitura do texto bíblico de Gn 2,4b–3,23

A educadora ou o educador: Na origem do planeta Terra, cerca de uns quatro bilhões de anos, ainda não havia nenhuma forma de vida, porque todos os elementos estavam muito misturados. Depois de um longo tempo, quando a Terra entrava em seu equilíbrio entre: ar, terra, fogo e água, a vida começou a surgir, e depois de muitíssimas evoluções e revoluções, eis que, da umidade e de vários elementos da terra, surge o ser humano frágil, mas com uma capacidade jamais vista na natureza.

Os seres humanos ao andarem em seu hábitat perceberam que a terra tinha o necessário para se viver e sobreviver. Eles admiravam a beleza da natureza. Viviam felizes, e tinham consciência de que Alguém os transcendia, como que num Mistério que não sabiam explicar, mas que podiam perceber.

Mesmo tendo o necessário, os seres humanos sentiam solidão. Parecia que algo estava faltando. Perceberam então que na natureza havia o masculino e o feminino e que para viverem na reciprocidade os seres humanos assumiriam sua identidade como homem e mulher. Tudo estava perfeito, pois homem e mulher se amavam, se ajudavam, e muito felizes viviam na Presença do seu Criador.

Um dia, porém, uma "voz interior" questionou a consciência dos dois. Esta voz dizia: "Tudo é favorável a nós: natureza, água em abundância, erva e frutas à vontade. Mas ainda estamos insatisfeitos! O que será que falta, para sermos autônomos e independentes"? A voz continuou: "O Criador não quer que nós saibamos de tudo, porque no dia em que formos independentes, e aprendermos a criar, explorar, dominar, ganhar, comprar, fabricar coisas diferentes, já não precisaremos mais do Criador e até seremos muito mais do que Ele! Enfim, seremos deuses"!

Os dois pensaram e decidiram seguir sua "voz". Criaram instrumentos variados, moeda, dinheiro, banco, política, energia elétrica e nuclear, pólvora, dinamite, gasolina, automóveis, aviões, shoppings, moda, beleza, estética, imprensa, livros, televisão, novelas, cinema, computadores, satélites, Internet, celular, remédios, drogas, armas, bombas... Até resolveram investir na busca de vacinas, para melhorar e prolongar a vida e serem mais felizes. Julgaram ter conquistado o status da "liberdade, igualdade, fraternidade"... Enfim, Independência!

Foi então que num "clique", seus olhos se abriram, e perceberam que mesmo tendo feito e conquistado tudo, seguindo sua "voz interior", havia vazio, carência e infelicidade enorme em seus corações. Sentiam que haviam invadido o espaço vital do Criador, pois não haviam aceitado o limite de sua condição, como criaturas. Mesmo assim, ele não desistia de estar em contato com o casal, e sempre perguntava por onde eles andavam.

O homem e a mulher, além de decidirem se afastar da Presença do seu Criador, já não vivia mais aquela harmonia de antes. Se antes tudo fazia sentido, agora tudo era penoso e custava o suor do rosto e o trabalho era fatigoso. Fazia jornadas duplas para ganhar dinheiro, para gastar, comprar, comer e... até a água, que era gratuita, eles tinham que comprar!

"Deus plantou um jardim em Éden" (Gn 2,8)

Além disso, já não tinham mais "tempo", nem para estarem juntos, nem para curtir o que tinham conquistado, nem mesmo para o momento em família. Muito menos, para lembrarem-se "daquele" que lhes dera condições, para conquistar tudo o que conseguiram!

Será que foi o Criador que expulsou o ser humano da felicidade e do "paraíso", ou foi o ser humano que se excluiu dele?

b) Atitude de vida

A educadora ou o educador convida as crianças a falarem sobre a experiência que viveu, ou de que elas mais gostaram. Como ele/ela criou seu paraíso ao seu redor? Em família? Na escola? Ao brincarem com os(as) colegas? Que ensinamento este encontro trouxe para você? Para nós? (Pausa).

c) Interiorização

A educadora ou o educador motiva as crianças para a interiorização da Palavra, que compreende um espaço de silêncio com um fundo musical, para que cada criança pense naquilo que ela achou importante neste encontro e formule uma oração espontânea, para falar com Deus, neste momento.

Músicas para finalizar: "Faróis de Esperança"[3]; "Árvore em Foto e Síntese"[4]; "Jornal Web em 2060"[5]; ou outra à escolha.

---

[3] TAIWANE & VINÍCIUS. *Faróis de Esperança.* São Paulo: Paulinas/COMEP, 2001. CD. Faixa: 04

[4] GRUPO MUSICAL VERDE PONTOCOM. *Música Verde.* Paulinas/COMEP, 2008. CD. Faixa: 08.

[5] *Ibid.* Faixa: 11.

3º Tema:

"A mulher tomou do fruto da árvore, comeu e deu-o ao seu marido" (Gn 3,6)

A educadora ou o educador saúda a turma, dá-lhe as boas--vindas e motiva-a para o estudo do tema o *"fruto proibido"* que suscitará grande interesse e curiosidade de saber qual é este fruto proibido. Quem já ouviu falar sobre *o fruto proibido?* Em que livro da Bíblia se fala do *fruto proibido?* Fruto proibido pode ser qualquer oposição à vontade da gente ou quando alguém me proíbe. Como vocês se sentem quando o pai, a mãe ou alguém lhe proíbe alguma coisa? Alguém já fez esta experiência? Gostaria de contá-la para nós? (Pausa para partilha).

1) Sensibilização

Antes de entrarmos neste assunto vamos cantar uma canção chamada o "bicho carpinteiro", vocês conhecem? Bicho é um animalzinho, não é? E "bicho carpinteiro" mexe com madeira. E como se chama o bichinho que vive na madeira? O cupim. Como é que ele trabalha? À surdina e bem escondidinho quando você se dá conta já comeu a madeira por dentro, não é? Deus criou também este bichinho. Vamos ver o que ele faz?

Músicas: "O Bicho carpinteiro"[1]; "É proibido proibir"[2]; ou outra à escolha.

---

[1] OLIVEIRA, José Fernandes de (Pe. Zezinho scj). *Criancices*. São Paulo: Paulinas/COMEP, 2002. CD: Faixa: 06.

[2] SOUZA, Maurício de. Álbum turma da Mônica. São Paulo: Maurício de Souza / Produções, 1994. CD. Faixa: 06

Visão de um povo sobre as origens da vida

2) Diálogo interativo

A educadora ou o educador desenvolve no diálogo interativo três momentos: o primeiro momento é a leitura do texto bíblico sobre o qual foi escolhido o tema: "A mulher tomou do fruto da árvore, comeu e deu-o ao seu marido" (Gn 3,6). O segundo momento é o levantamento de perguntas ao texto lido; e o terceiro momento o debate sobre as perguntas que as crianças formularam ao autor do texto. Tem o direito à palavra quem está com o dado em mãos. Ele é passado adiante mediante o levante da mão e o desejo de responder ou participar da resposta e assim sucessivamente.

a) Leitura do texto bíblico de Gn 2,4b–3,24

A educadora ou o educador distribui o texto fotocopiado de Gn 2,4b–3,24 ou faz o convite para a leitura dele na própria Bíblia, por versículos. Ou pode ser feito conforme a indicação no livro, distribuindo os papéis entre as crianças. Vamos lê-lo devagar, prestando bastante atenção para entender melhor o texto.

O texto a ser lido encontra-se na página 100 deste livro.

b) Levantamento das questões

A educadora ou o educador convida as crianças a formularem suas perguntas a partir da leitura do texto. As perguntas serão anotadas num quadro ou numa cartolina, para todos verem. Elas podem ser respondidas na ordem em que foram formuladas, ou por ordem de maior interesse do grupo. Qual pergunta você gostaria de fazer a quem escreveu este texto? (Pausa para a formulação de perguntas). As crianças elaboram as perguntas e as debatem entre si e assim sucessivamente com as demais.

Caso as crianças tenham dificuldade de formularem suas perguntas, seguem algumas sugestões.

"A mulher tomou do fruto da árvore, comeu e deu-o ao seu marido" (Gn 3,6)

c) Debate sobre as questões

A educadora ou o educador lembra que a criança que tem o dado em mãos tem o direito à palavra, as demais escutam. O dado será dado à outra criança mediante o levante de mão. As questões elaboradas pelas crianças devem ser as primeiras a serem debatidas por elas. Seguem perguntas que foram formuladas sobre a compreensão do texto; a sua interpretação e sobre a atualidade do texto, para nós hoje à luz da prática cristã.

Questões a partir da compreensão do texto bíblico

O que você lembra daquilo que foi lido?

O que chamou a sua atenção na leitura do texto?

Qual foi a ordem que Deus deu à mulher e ao homem?

Nesta narrativa, indique em quais palavras se encontra a tentação.

Quem foi que tentou o homem e a mulher?

Questões relacionadas à interpretação do texto bíblico

O que representa a serpente na Bíblia?

A mulher e o homem observaram a aliança que Deus fez com eles?

O que eles fizeram para romper a aliança com Deus?

A aliança com Deus pode ser considerada a colocação de um limite aos desejos humanos?

Em Gênesis 2–3, trata-se mais da aceitação de um limite humano do que de uma transgressão a uma ordem divina. Por quê?

Podemos então dizer que o texto bíblico está falando de uma constatação da dificuldade que o ser humano tem de aceitar os limites, respeitando assim o espaço vital do outro?

Questões atuais sobre o tema da transgressão

Quando existe uma transgressão?

Você já transgrediu alguma vez uma lei, uma ordem ou uma proibição e sofreu as consequências de seu ato? Você quer falar sobre isso?

Em quais momentos de sua vida você transgrediu conscientemente uma norma, ou uma lei? E você se achou no seu direito? Por quê?

O que implica ser responsável pelos próprios atos ou atitudes? Dê exemplos.

Quais são os limites humanos, ou próprios, que você tem maior dificuldade de aceitar? Justifique.

Como você reage normalmente diante de uma ordem, uma lei ou proibição?

No seu grupo de convivência, vocês estabeleceram alguma norma, lei ou ordem? Qual?

Indique a lei que você acha mais importante na convivência em família, na escola, na sociedade? Por que você as considera importantes?

Como você se sentiria, colocando-se no lugar de seu pai ou de sua mãe, ao recusar-se a obedecer alguma norma, ordem ou lei por eles estabelecida?

Qual é a forma ou maneira como você reage normalmente diante de uma ordem, norma ou lei estabelecida que não lhe agrada? Qual seria a melhor forma de reagir?

3) Espaço para criar

Desenvolvimento das atividades

A educadora ou o educador dialoga com as crianças sobre o tema da proibição. O que favoreceu o casal para que comesse o

"A mulher tomou do fruto da árvore, comeu e deu-o ao seu marido" (Gn 3,6)

fruto proibido? O limite, a tentação? (Pausa). Quem de vocês já transgrediu as ordens dos pais ou de pessoas responsáveis por vocês? (Pausa). Vocês gostam quando alguém lhes põe limites? Por quê? (Pausa).

Atividade I:
Múltiplas opções

A educadora ou o educador nesta atividade terá presente o tema que foi trabalhado: o de se apropriar de um fruto proibido. A proposta nesta atividade é trabalhar a questão das escolhas que antecedem os nossos atos. Por isso é dada explicitamente à criança a possibilidade de fazer a sua escolha, tornando-se responsável pela sua decisão, seja ela boa ou ruim, e pelas suas consequências, as quais é convidada a assumir, sem responsabilizar os outros pela sua falha.

Objetivos

Criar situações para que as crianças façam suas escolhas.

Refletir com as crianças sobre as consequências de suas escolhas.

Material

Uma caixa com tampa para embrulhar como presente;

Brindes que possam ser divididos com todos os participantes (como balas, pirulitos, bombons ou outros que achar melhor de acordo com seu grupo);

Quatro tiras de papel;

Caneta ou canetinhas;

Dois balões/bexigas;

Papel de presente;

CD player (opcional).

Preparação do Jogo

Em cada tira de papel escreva com caneta ou canetinhas uma das seguintes frases:

Divida o brinde com todos(as) os(as) seus(suas) colegas;

Agora a caixa é sua, pegue-a, retire o papel e faça o que se pede;

Convide todos(as) os(as) seus(suas) colegas para escolherem e cantarem uma música com você;

Parabéns pela sua escolha. Pegue o brinde, agora ele é seu.

Reserve um bombom ou um brinde dos que escolheu.

Colocar o restante dos brindes no fundo da caixa e por cima deles colocar a tira de papel com a mensagem: *Divida o brinde com todos(as) os(as) seus(suas) colegas.*

Cobrir tudo com o papel de presente, de forma que pareça que o papel é apenas um enfeite no fundo da caixa.

Colocar o brinde reservado por cima do papel de presente com a tira de papel com a mensagem: *Parabéns pela sua escolha. Pegue o brinde, agora ele é seu.*

Com as duas tiras de papel restante, colocar uma em cada balão/bexiga, encha e amarre para que o ar não saia.

É importante que a educadora ou o educador saiba identificar qual mensagem está em cada balão/bexiga.

Participantes: cinco ou mais crianças.

Como jogar

Colocar as crianças sentadas em círculo; pode ser em cadeiras ou no chão, como achar melhor;

Mostrar às crianças a caixa e os balões/bexigas;

Dizer a elas que dentro dos balões/bexigas e da caixa há uma tarefa para ser executada;

"A mulher tomou do fruto da árvore, comeu e deu-o ao seu marido" (Gn 3,6)

Entregar o balão para uma das crianças com a mensagem *"Convide todos(as) os(as) seus(suas) colegas para escolherem e cantarem uma música com você"*;

Deixar a caixa em um lugar bem visível;

Ficar de costas e dizer para as crianças passarem o balão uma para a outra. Se optou por usar o CD player, coloque a música enquanto passam o balão;

A educadora ou o educador dará pausa na música ou dirá *"Para"*;

A criança que estiver com o balão/bexiga na hora deverá segurá-lo;

A educadora ou o educador perguntará a ela se prefere ficar com o balão/bexiga, ou com a caixa, ou se retirar do jogo.

Veja abaixo situações que podem surgir e sugestões de como agir diante delas.

Situação 1 – A criança não quer o balão/bexiga nem a caixa.

Ela deverá se retirar do jogo.

Após a criança sair do jogo, repetir novamente o processo, passando o balão/bexiga entre as que ficaram.

Situação 2 – A criança quer ficar com a caixa.

A educadora ou o educador abrirá a caixa; ela pegará a tira de papel e lerá em voz alta: *"Parabéns pela sua escolha. Pegue o brinde, agora ele é seu."*

Deixar que ela pegue o brinde que está por cima do papel presente.

É importante que a caixa fique sempre nas mãos da *Educadora ou do Educador*, para que a criança não desconfie que os demais brindes estão embaixo do papel de presente.

Fechar novamente a caixa como se estivesse vazia e coloque--a no mesmo lugar.

A criança que ficou com o brinde se retira do jogo e as demais continuam a passar o balão/bexiga.

Situação 3 – A criança quer ficar com o 1º balão/bexiga.

Ela irá estourá-lo. Pegará a tira de papel e lerá em voz alta: *"Convide todos(as) os(as) seus(suas) colegas para escolherem e cantarem uma música com você."*

Juntas, as crianças deverão então cumprir a tarefa.

A criança que escolheu o balão/bexiga se retira do jogo.

Com o segundo balão/bexiga, repita novamente o processo, passando-o entre as que ficaram.

Situação 4 – A criança quer ficar com o 2º balão/bexiga.

Ela irá estourá-lo. Pegará a tira de papel e lerá em voz alta a frase: *"Agora a caixa é sua, pegue-a, retire o papel e faça o que se pede."*

Ao retirar o papel de presente terá acesso à tira de papel onde está descrito: *"Divida o brinde com todos(as) os(as) seus(suas) colegas."*

E assim termina o jogo.

Situação 5 – Nenhuma criança quis ficar com nenhum dos balões/bexigas.

A educadora ou o educador pegará o 1º balão/bexiga; irá estourá-lo. Pegará a tira de papel e lerá em voz alta a frase: *"Convide todos(as) os(as) seus(suas) colegas para escolherem e cantarem uma música com você."*

Junto com as crianças ela ou ele deverá cumprir a tarefa.

Depois a educadora ou o educador pegará o 2º balão/bexiga.

Ela ou ele irá estourá-lo. Pegará a tira de papel e lerá em voz alta: *"Agora a caixa é sua, pegue-a, retire o papel e faça o que se pede."*

> *"A mulher tomou do fruto da árvore, comeu e deu-o ao seu marido"* (Gn 3,6)

Ao retirar o papel de presente terá acesso ao bilhete: *"Divida o brinde com todos(as) os(as) seus(suas) colegas."*

E assim terminará o jogo.

Avaliação da Experiência

O que vocês sentiram ao participar desse jogo?

O que acharam das escolhas que fizeram?

A educadora ou o educador vai refletir com as crianças que as escolhas que fazemos sempre terão consequências positivas ou negativas. O que vocês consideram escolhas positivas? (Pausa). O que vocês consideram escolhas negativas? (Pausa). Dessa experiência pode nascer algo de bom: crescer na amizade, na partilha, no interesse pelo/pela outro/outra no ajudar a vencer dificuldades e crescer na reflexão. Fazer o esforço de incluir as/os colegas nas atividades, crescer juntos. Isso traz alegria, felicidade e união.

É preciso analisar, discernir e perguntar-se sobre cada decisão a ser tomada. Se eu escolher isso, vou sentir-me melhor, vai fazer bem para mim? Para os outros? Fazer boas escolhas na vida ajuda-nos a sermos pessoas melhores.

Atividade II: O Respeito ao Limite

Objetivo

Respeitar os limites inerentes ao jogo.

Despertar para a colaboração a partir do lúdico.

Material

Fita, giz ou fita crepe;

Balões/bexiga;

CD player (opcional).

Preparação do Jogo

Fazer um círculo ou um retângulo no chão com fita, giz ou fita crepe, de forma que comporte todas as crianças dentro, sobrando o mínimo de espaço entre eles.

Separar um balão/bexiga para cada participante do encontro.

Participantes: Quatro ou mais crianças.

Como jogar

Dar um balão/bexiga para cada criança;

Pedir que encham o balão e o amarrem para que o ar não saia;

Pedir para que todas fiquem dentro do círculo ou retângulo marcado no chão;

Falar para jogarem os balões/bexigas para o alto;

Juntas elas terão que manter todos os balões no ar, sem deixá-los cair, não saindo do círculo ou retângulo marcado no chão;

Avisar as crianças que aquela que ultrapassar o limite deverá sair do jogo;

Iniciar a dinâmica com uma música bem animada;

Quando as crianças que ficaram no círculo ou retângulo não conseguirem mais manter os balões/bexigas no ar. Desligar a música e finalizar a dinâmica;

Colocar todos sentados em círculo;

Fazer uma avaliação com todos sobre a atividade;

Caso desejar, utilizar as perguntas abaixo para iniciar a avaliação.

Avaliação da experiência

Como você se sentiu ao fazer a dinâmica?

Como foi ter que ficar dentro do limite estipulado, quando os balões vão para longe?

"A mulher tomou do fruto da árvore, comeu e deu-o ao seu marido" (Gn 3,6)

Foi difícil manter o limite estipulado pela educadora ou pelo educador da fé?

Houve colaboração dentre os/as colegas para manter no ar os balões, e dentro do limite?

4) Momento celebrativo

A educadora ou o educador é convidada/o a separar as crianças em dois subgrupos. Entregar a cada subgrupo uma folha de papel A4 dobrada em sanfona. Cada criança irá escrever em cada dobra da sanfona o que ficou para ela de mais importante sobre a criação.

a) Releitura de sua experiência de refletir sobre a criação

A educadora ou o educador convida uma criança de cada subgrupo a fazer a leitura que cada uma delas fez na sua reflexão sobre a criação.

b) Atitude de vida

A educadora ou o educador partilha com as crianças qual é a atitude de vida ou a prática que decorre da nossa reflexão de hoje. Escolher uma ação que você sente desejo de realizar durante a semana.

c) Interiorização

A educadora ou o educador covida as crianças a agradecerem a Deus por este momento de reflexão e de convivência os/as colegas. Falar a Deus com as suas palavras.

Música para finalizar: "Com carinho desenhei este planeta"[3] ou outra à escolha.

---

[3]   CNBB. *Escolhe, pois a vida!* Campanha da Fraternidade 2008. São Paulo: Paulus, 2008. CD. Faixa 1.

6.
Caim, irmão de Abel
(Gn 4,1-16)

Introdução

A narrativa genealógica continua após a expulsão do paraíso: O homem conheceu sua mulher Eva e ela concebeu e deu à luz Caim dizendo: "adquiri um homem com a ajuda do Senhor". A mulher, de auxiliar do marido, passou a ser esposa e mãe. A mulher concebeu novamente e deu à luz Abel. Diz o texto que Abel tornou-se pastor e Caim, agricultor. Ambos, ao crescerem, ofereceram das primícias que haviam cultivado. Ainda fala que Deus não se agradou da oferta de Caim, mas se agradou da oferta de Abel. Por esta razão, Caim ficou irritado e o seu rosto se tornou abatido, a tal ponto que, até mesmo Deus estranhou a face de Caim e lhe perguntou: "Por que estás irritado e por que o teu rosto está abatido?" Deus percebeu que ele estava alterado.

Caim e Abel são mesmo irmãos?

Caim ignorou a Deus e convidou o seu irmão Abel para irem ao campo; lançando-se sobre ele, matou-o. Depois dessa tragédia Deus pergunta a Caim: *"Onde está o teu irmão Abel?"* Caim lhe respondeu: Não sei. E Deus lhe disse: *"Que fizeste? Ouço o sangue de teu irmão, do solo clamar por mim!"* (Gn 4,10). Agora és maldito e expulso do solo fértil que abriu a boca para receber de tua mão o sangue de teu irmão. Só então, Caim se deu conta e disse: "Minha culpa é muito pesada para suportá-la. Vê! Hoje

Visão de um povo sobre as origens da vida

tu me banes do solo fértil, terei de ocultar-me longe de tua face e serei um errante fugitivo sobre a terra: mas o primeiro que me encontrar me matará!" E o Senhor lhe respondeu: "Quem matar Caim será vingado, sete vezes". E o Senhor colocou nele um sinal para que ninguém o matasse. Caim se retirou da presença do Senhor e foi morar na terra de Nod, a leste de Éden. Há um interesse do autor em apresentar a relação entre Caim e Abel com laços de sangue, como irmãos. Mas esta narrativa oferece diversas possibilidades de leitura.

O que o texto revela?

Há evidências de que este texto está em continuidade com a leitura dos textos anteriores em sentido genealógico. Caim e Abel são os dois primeiros filhos do casal. E, no entanto o texto dá a entender que poderiam existir pessoas que ameaçam a vida de Caim e dele poderiam se vingar (vv.14-15). Dá a entender ainda que Caim estaria no início do estilo de vida agrícola e Abel, no início da vida pastoril, seminômade. Já nesta narrativa aparece a preferência de Deus pelo mais novo, de cuja oferta ele se agradara, enquanto a de Caim foi preterida. Deus manifesta uma predileção pelo menor e o mais humilde.[1]

O texto parece tratar do seminomadismo da Terra de Israel, e aparece na forma de um conflito e transgressões entre irmãos. Caim e Abel tinham profissões diferentes (4,2). *Caim* significa laminador, metal, barulho. Ele é o mais velho e lavrador. *Abel,* com significado de: sopro, nada, vazio, vento, nuvem, era o mais novo, pastor de ovelhas; no conflito com o irmão, ele morre.

De um lado, temos o pastoreio; do outro, o lavrador da terra. Na Terra de Israel, o pastoreio era típico da região semidesértica;

---

[1] Só no livro de Gênesis encontramos diversas narrativas onde Deus revela a sua predileção pelo menor: Isaac é preferido a Ismael (Gn 21); Jacó a Esaú (Gn 25,23;27); Raquel à Lia (Gn 29,15-30) e em outros escritos como Samuel e Reis: Davi é preferido a Eliab (1Sm 16,12); Salomão a Adonias (1Rs 2,15-16) etc.

as áreas para agricultura eram muito poucas. Pastores e agricultores conviviam muito próximos. Após a colheita os rebanhos de ovelhas e cabras costumavam pastar sobre a terra cultivável. Pastoreio e agricultura são economias paralelas com constantes conflitos, em especial, na época da seca, quando os pastores precisavam chegar às terras férteis. Está claro no texto que há um conflito entre lavradores e pastores, atividades comuns nesta terra, que muitas vezes levavam a brigas e mortes.

Leitura do texto com enfoque social

Trata-se de diferentes sociedades: as que sobrevivem na base da agricultura, representadas aqui por Caim, e as sociedades seminômades, que sobrevivem à base de seus rebanhos, e têm a fama de invadir os espaços dos grupos fixados à terra, em busca de água e pastagens para a sua sobrevivência. Esses pastores não estavam confinados em suas terras com os seus rebanhos, tendo água e pastagens a seu dispor. Eles vagavam na região, ocupando espaços vazios e áreas não cultivadas. Por essa razão não são bem-vistos e até hostilizados pelos clãs fixados à terra. Também no tempo de Jesus não tinham boa fama; eles eram enxotados e considerados invasores.

Esses pobres e excluídos gozavam da predileção de Deus, porque não havia quem os defendesse. São eles que têm abertura de coração, acreditam e confiam nele como o seu protetor.

Leitura do texto com enfoque psicológico

Há a possibilidade de uma interpretação psicológica deste texto, onde Caim estaria desejando ser o outro, Abel. Deste modo Caim não estaria sendo fiel à sua identidade, e aqui estaria o pecado dele.[2] Caim se apossou da vida de Abel, eliminando-o, o que é muito

---

[2] EMMANELLE-MARIE. *Dilatare la vida*. Padova: Edizioni Messagero, 2007, p.18-20.

grave. Mas Caim percorreu um caminho antes, ele quis se apossar da relação de Abel com Deus, não para dar um culto ao Criador, mas para se apoderar da benevolência de Deus que Abel havia conquistado. Neste sentido, Caim teria matado o irmão vencido pela inveja e o desejo de ser e de estar no seu lugar; de ter o que ele tinha. Ao mesmo tempo, tem uma enorme baixa autoestima, porque se sente como se nada valesse já que não recebeu o mesmo reconhecimento de Abel. Por isso o elimina, não consegue conviver com o diferente e com as conquistas do outro.

O rosto de Caim não estava sereno, e revelava a tensão interior, na qual ele vivia. Sua face e seu olhar estavam transtornados a ponto de chamar a atenção do próprio Deus, segundo o texto. Caim teria tido a chance de repensar o que estava planejando em seu coração; infelizmente, o ódio venceu (Gn 4,8). Deus não aprova a vingança nem a violência, e ao tomar consciência na cobrança de Deus: "Onde está teu irmão?", Caim tenta ignorar o seu ato respondendo: "Não sei". Mas sua consciência o acusa e agora tenta de todas as maneiras justificar a sua conduta: "Acaso sou eu o guarda de meu irmão?". Esquiva-se da invasão do espaço vital de seu irmão, apagando-o sem a mínima responsabilidade.

A voz da sua consciência não consegue se apagar: "Que fizeste! Ouço o sangue de teu irmão, do solo, clamar para mim! Agora, és maldito e expulso do solo fértil que abriu a boca para receber de tua mão, o sangue de teu irmão. Ainda que cultives o solo, ele não te dará mais seu produto: serás um fugitivo errante sobre a terra" (Gn 4,9-12). Deus, embora não concorde com a atitude de Caim, protege-o para que não se multiplique a vingança e a violência sobre a terra (4,15). O pecado da violência é constante no mundo de hoje. Ele se multiplica cada vez mais, gerando uma sociedade fundada sobre a intolerância, a hostilidade e a competição. Tudo perdido? Não. Surge também o ser humano religioso (4,26), que busca reunir novamente aquilo que ele mesmo, autossuficiente, dividiu e separou.

Leitura do texto com enfoque moral

Há a interpretação moral do ato de Caim como pecado, pela violência que usou contra o próprio irmão, matando-o. Violência e homicídio são meios que Caim usa para resolver o seu conflito religioso. Ele havia sido advertido pelo próprio Deus antes de cometer o crime: *"Por que estás muito irritado e por que o teu rosto está abatido? Se estivesses bem-disposto, não levantarias a cabeça? Mas se não estás bem-disposto, não jaz o pecado à porta, como animal acuado que te espreita; podes acaso domina--lo?"* (Gn 4,6-7).

Um autor italiano, chamado Paolo Scquizzatto[3] analisa o episódio de Caim e Abel sob o enfoque da *vergonha relacional* como algo positivo. É como se Caim, por causa do seu pecado, não conseguisse mais ficar frente a frente com Deus e com o outro, rompendo com essas relações. Neste caso, o sentimento de vergonha é visto como positivo, porque nasceria de um temor religioso de respeito. Este seria também o primeiro passo para restaurar as relações, o que não existiria mais no ímpio, que nada sente diante do mal praticado.

O autor identifica Caim e Abel com o leitor, seja como indivíduo ou como comunidade. Chama atenção pelo fato do texto ressaltar que são dois irmãos, e que este adjetivo aparece sete vezes;[4] e por esta razão ele teria um valor cosmogônico[5] ligado à criação, ao significado de perfeição, plenitude. Eva teria apenas quebrado sua relação com Deus, quando se apossa do dom, o fruto proibido, e abandona deste modo o doador. Este ato lhe teria trazido a expulsão. Mas a gravidez lhe teria devolvido a bênção por excelência de poder gerar dois filhos: Caim e Abel.

---

[3] SCQUIZZATO, Paolo. *Come un principio*: Riflessioni sul libro della Genesi. Torino: Effata Editrice, 2014, p. 53-73.

[4] Gn 4,2.7.8.9(2x).10.11.

[5] Porque está ligado aos três níveis da terra, segundo a cosmovisão bíblica: *sheol*, terra, firmamento e aos quatro elementos essenciais do planeta: água, ar, fogo e terra, formando deste modo o número sete que indica perfeição, totalidade.

No texto entre os dois, Caim é o que fala, enquanto Abel não abre a boca. O significado de Abel está exatamente na linha da sua insignificância, o seu ser está no fato de não ser, o seu aparecer está no fato de não aparecer, ou o seu existir no fato de ser vapor. Este é o fio vermelho que percorre todas as Escrituras: "o que conta é o que não conta, o que vale é aquilo que não vale, o que vive é aquele que morre, aquilo que produz fruto é o que morre... Esta é a história do amor".[6]

Do monólogo ao diálogo

Caim era o filho único, com a chegada de Abel, ele o tornou irmão, e o eu de Caim encontrou-se necessariamente com o tu de Abel. Caim saiu do monólogo e foi chamado ao diálogo, e isso não lhe agradou. E Abel por sua vez tornou-se problema para Caim, o primogênito, porque lhe fez sombra, tornou-se um obstáculo, por isso, ele deveria ser eliminado.

O problema se agravou com a intervenção de Deus: "Ele agradou-se de Abel e de sua oferenda. Mas não se agradou de Caim e de sua oferenda". Há pessoas que admitem as preferências: Deus privilegiando uns em detrimento de outros. Esta leitura é inconcebível em relação a Deus, e sim a sua preferência vai muito pelo lado do mais fraco, do pobre, daquele que não tem quem o defenda. Pois, ao poderoso, ao grande, há quem pensa nele e o defenda. Ao seu alcance estão todos os meios, enquanto ao pobre não (cf. Lc 1,46-48).

Deus está sempre em busca do fraco, da fragilidade humana, do pobre, da não presunção, para poder agir no mundo. Por que Deus teria preferido a oferta de Abel e não à de Caim? O problema não está na oferta, mas na pessoa que oferece, ou seja, na pessoa que sente necessidade de abrir-se a Deus, que normalmente é o

---

[6] SCQUIZZATTO, Paolo. *Come um principio.* op. cit. p. 58.

pobre, ou quem tem coração de pobre, de mendigo; este deixa que ele tome conta e o transforme (Hb 10,5-6).

Consequências do fechamento de Caim

Caim tornou-se raivoso, invejoso, não se deixando mais sentir-se Filho de Deus. A inveja o destrói por dentro, não o torna mais necessitado do abraço do Pai. Esta atitude o leva a desinteressar-se pelo outro, antes, ele reclama porque o Pai se preocupa com o menor (Lc 15,29-32). A ação de Deus é geralmente medida pela ação humana, e nessa atitude Deus cessa de ser Pai, e o irmão deixa de ser irmão, e passa a ser este teu filho (Lc 15,30). É a tentação do ser humano em querer direcionar o coração de Deus.

A inveja de Caim, no confronto com o seu irmão, revelará sempre uma relação doentia também para com Deus. Se as coisas não vão bem com os outros, significa normalmente que as coisas não vão bem com Deus. Não é porque nós rezamos e participamos das celebrações religiosas, que a nossa relação com Deus é boa. A avaliação para saber se nossa relação com Deus é boa, é saber se a nossa relação com os outros também vai bem. Caim rompeu a relação com Deus e com o seu irmão e, quando este se tornou pedra de tropeço, obstáculo, nesta lógica, ele precisou ser eliminado.

O ensinamento para a nossa vida

Quando o pecado entra na vida humana acontece um pouco isso: a pessoa ouve a voz de Deus, vai atrás dele, toma consciência de ser a única alternativa, o retorno, mas os gritos ao seu redor são tão fortes, que todas as outras vozes: propósitos, boas intenções, conselhos, exemplos, são abafados e naufragam. O mal fascina e conquista a pessoa. Se ela é capturada não tem mais o que fazer, vai atrás, como afirma o salmista: *"Ei-la gerando a iniquidade: concebe a maldade e dá a luz a mentira"* (Sl 7,15). Este é o início do namoro com o mal: começa por sentir fascínio por ele, e se alia com a pessoa e ela corre o risco de unir-se a ele, gerando a morte (Tg 1,13-15).

No texto original não há o convite de Caim a Abel: "Saiamos", para irem ao campo. Há apenas um grande silêncio. Caim não respondeu aos questionamentos de Deus; na verdade, ele fez um monólogo com Caim, porque ele não lhe deu atenção. Ele não se pacificou com Deus, não respondeu à sua voz que o interpelou. Nenhuma pessoa pode relacionar-se bem com outras pessoas se ela se nega ao diálogo! Se este diálogo é negado a Deus, será negado também ao outro. A qualidade dos nossos diálogos depende exclusivamente de nossos diálogos com Deus. Os nossos diálogos e as nossas atitudes com Deus fecundam todos os nossos diálogos e as nossas atitudes com os outros.

Podemos chegar aos outros, com as nossas palavras e o nosso modo de agir, quando estes são fecundados pela relação com o Absoluto. Caso contrário, nossas palavras e nossas ações são estéreis, monólogos, palavras ao vento. Depois do delito, a dramática pergunta de Deus: "Onde está o teu irmão?". Deus sabe que o irmão se encontra morto sobre o solo. "O que fizeste? Ouço o sangue do teu irmão, do solo clamar por mim" (Gn 4,10). Este chamado de Deus mostra-nos que duas são as perguntas que precisamos aprender a responder na verdade, para tornar-nos verdadeiramente pessoas humanas: "Onde estou?" e "Onde está o meu irmão?". Deus nos confia os outros para que tomemos conta deles, somos corresponsáveis. Seremos cobrados por isso, pois não nos salvamos sozinhos.

Caim parece estar dizendo: "Abel não devia abalar o meu lugar de primogênito, nem tomar o meu lugar, nem projetar sombras sobre mim". Eis o perigo quando os outros devem corresponder ao nosso clichê, ou corresponder às nossas expectativas, precisam ser afastados de nós, por não os reconhecermos, e sentimos no direito de eliminá-los.

Mas o que é o amor? É a liberdade de amar mesmo não sabendo quem é o outro, ou seja, na liberdade de ser aquele que é e não aquele que alguém pensava que fosse. Caim tem consciência de sua ação malévola, Deus lhe concede uma possibilidade de bênção, de ninguém tocá-lo para fazer-lhe mal. Deus põe um limite ao mal. Caim experimenta um ato de benevolência, totalmente gratuito. Mesmo assim ele se retirou da presença do Senhor e foi morar na terra de Nod, a leste de Éden (Gn 4,16). Ou seja, Caim se recusa a permanecer na intimidade com Deus e foi morar nesta terra como se Deus não estivesse lá.

Concluindo

Caim e Abel são apresentados como filhos de Adão e Eva, nascidos depois da expulsão do paraíso e sua continuidade é a narrativa de Gn 4,1-16 do autor javista, escrita por volta do século X a.E.C. no tempo de Salomão. É evidente que há uma ruptura da Aliança, porque somente Deus pode dar e tirar a vida humana.

Esta narrativa pode ser lida sob o ponto de vista social, onde o texto evidencia uma convivência difícil em que parte da sociedade são seminômades devido ao pastoreio e se locomovem segundo as possibilidades de água e pastagens. E outra parte vive do cultivo da terra e estão fixados à terra, os agricultores.

Uma leitura familiar e psicológica é possível pelo fato de Caim não ter aceito que a oferta de Abel tenha agradado a Deus e a sua não, o que gerou inveja, um ciúme mortal. Mesmo tendo sido advertido pelo Senhor, segundo o texto: "Se estivesses bem-disposto, não levantarias a cabeça?" (Gn 4,6). Mas ele não deu a mínima à voz de sua consciência, que o advertia do mal-estar que vivia, e do mal intento que maquinava em seu coração.

Uma leitura moral está muito evidente ao ser advertido explicitamente: "Mas se estás bem-disposto, não jaz o pecado à porta, como animal acuado que te espreita; podes acaso dominá-lo?" (Gn 4,7). Mesmo assim, Caim não deu ouvidos à voz de sua consciência, o ciúme foi mortal, a ponto de eliminar a vida do "irmão".

O autor sem dúvida quis levar a comunidade de ontem e de hoje a refletir sobre as causas mais profundas que movem as pessoas em suas ações a cometer crimes que lesam as relações consigo mesmo, com os outros, com Deus e com a natureza. O motivo pelo qual Deus não aceitou a oferta de Caim não era pela sua pessoa, nem por sua oferta, mas pela dominação, pela injustiça, pela prepotência de considerar-se dono do "seu irmão" e fazer o que lhe aprouvesse motivado pela inveja e ciúme.

Os grandes e poderosos julgam-se no direito de se apropriar da vida, dos bens, da dignidade dos pequenos e indefesos. Mas Deus vem em socorro dos que não têm quem os defenda, nem têm, muitas vezes, condições de reivindicar seus direitos, até mesmo por desconhecê-los.

4º Tema:

"Abel, irmão de Caim"
(Gn 4,2)

A educadora ou o educador acolhe com alegria e entusiasmo as crianças, saudando-as, e dando-lhes as boas-vindas! E introduz um diálogo com elas sobre o lugar que ocupam entre os irmãos: Quem é filho ou filha única? (Pausa). Como se sente? Qual foi a expectativa com a chegada de um irmãozinho ou de uma irmãzinha? Você tem amigo ou amiga que é como irmão ou irmã? (Pausa).

1) Sensibilização

Quem conhece uma história de irmãos na Bíblia? Você gostaria de contar o que você sabe sobre eles? (Pausa). A educadora ou o educador não faz comentários, apenas ouve o que as crianças trazem como introdução ao tema bíblico a ser trabalhado, e as convida a um canto:

Música: "Diáspora"[1] ou outra a escolha.

2) Diálogo interativo

A educadora ou o educador convida as crianças a prestarem bastante atenção sobre a história de Caim e Abel que nós vamos ler e trabalhar no nosso encontro de hoje.

Distribuir os papéis que cada participante vai desempenhar na leitura do texto: narradora ou narrador; Eva; Senhor Deus; Caim.

---

[1] ANTUNES, Arnaldo; BROWN, Carlinhos Brown; MONTE, Marisa. *Tribalistas 2 - Album de 2017.* Rio de Janeiro: Universal Music Brasil. 2017. CD. Faixa 01.

Visão de um povo sobre as origens da vida

a) Leitura do texto bíblico de Gn 4,1-6: Caim e Abel

Narradora/narrador: [1]O homem conheceu Eva, sua mulher; ela concebeu e deu à luz Caim, e disse:

Eva: Adquiri um homem com a ajuda do Senhor.

Narradora/narrador: [2]Depois, ela deu também à luz Abel, irmão de Caim. Abel tornou-se pastor de ovelhas e Caim cultivava o solo. [3]Passado o tempo, Caim apresentou produtos do solo em oferenda ao Senhor; [4]Abel, por sua vez também apresentou as primícias e a gordura de seu rebanho. Ora, o Senhor agradou-se de Abel e de sua oferenda. [5]Mas não se agradou de Caim e de sua oferenda, e Caim ficou muito irritado e com o rosto abatido. [6]O Senhor disse a Caim:

O Senhor Deus: Por que estás irritado e por que o teu rosto está abatido? [7]Se estivesses bem-disposto não levantarias a cabeça? Mas se não estás bem-disposto, não jaz o pecado à porta, como animal acuado que te espreita; podes acaso dominá-lo? [8]Entretanto Caim disse a seu irmão Abel: "Saiamos". E, como estava no campo, Caim se lançou sobre seu irmão e o matou.

Narradora/narrador: [9]O Senhor disse a Caim:

O Senhor Deus: "Onde está o teu irmão Abel?"

Narradora/narrador: Ele respondeu:

Caim: "Não sei. Acaso sou guarda de meu irmão?"

Narradora/narrador: [10]O Senhor disse:

O Senhor Deus: "Que fizeste! Ouço o sangue de teu irmão, do solo, clamar por mim! [11]Agora, és maldito e expulso do solo fértil que abriu a boca para receber de tua mão o sangue de teu irmão. [12]Ainda que cultives o solo, ele não te dará mais seus produtos: serás um fugitivo errante sobre a terra".

138

Narradora/narrador: [13]Então Caim disse ao Senhor:

Caim: "Minha culpa é muito pesada para suportá-la. [14]Vê! Hoje tu me banes do solo fértil, terei de ocultar-me longe de tua face e serei um errante fugitivo sobre a terra: mas o primeiro que me encontrar me matará!"

Narradora/narrador: [15]O Senhor lhe respondeu:

O Senhor Deus: "Quem matar Caim será vingado sete vezes".

Narradora/narrador: E o Senhor colocou um sinal sobre Caim, a fim de que não fosse morto por quem o encontrasse. [16]Caim se retirou da presença do Senhor e foi morar na terra de Nod, a leste de Éden.

b) Levantamento de questões

A educadora ou o educador deve lembrar-se de que há um dado que dá direito de falar a apenas um/uma participante. Ele é entregue à primeira pessoa que levantar a mão para responder a questão ou complementá-la na resposta. Lembre-se de que a educadora ou o educador não responde às perguntas, mas pode ajudar as crianças a clarearem a formulação de suas questões às respostas que são dadas.

A educadora ou o educador é convidada/o a motivar as crianças a fazerem perguntas sobre o que foi lido no texto. Caso as crianças tenham dificuldade de formular questões, pode servir-se das que seguem.

Questões para a compreensão do texto

Quem de vocês gostaria de recontar a história que nós acabamos de ler? (Pausa).

Qual era a profissão de Caim? E de Abel? (v. 2)

Qual foi a causa da desavença de Caim com Abel? (v. 3-5)

Quais são as perguntas que Deus fez a Caim? (vv. 6-7)

Caim respondeu as perguntas de Deus?

O que Caim disse a seu irmão Abel? (v. 8)

Qual a pergunta de Deus que Caim responde? (v. 9)

O que o Senhor disse a Caim? (vv. 10-12)

Caim reconhece a sua culpa? (v. 13-14)

O que Deus fez para proteger Caim? (v. 15)

Questões relacionadas à interpretação do texto

A história lida sob o enfoque familiar, não pode ser também um problema social entre os diferentes grupos que disputam o mesmo espaço territorial?

Por que ele pode constituir um problema?

O reconhecimento da oferta de Abel e não da de Caim fez com que ele sentisse inveja do irmão? Isso é normal? O que Caim devia ter feito?

A inveja levada às últimas consequências a que levou Caim?

É muito grave o que Caim fez com Abel? Por quê?

Questões relacionadas com a realidade atual

Na sociedade atual existem conflitos entre irmãos e irmãs?

Quais podem ser as causas desses conflitos?

O que é motivo de conflito na minha casa? E com quem?

O que na minha família é motivo de alegria e de união entre os seus membros?

Quem mais promove o elo de união na minha casa?

c) Debate sobre as questões

A educadora ou o educador depois de ter feito o levantamento das questões inicia o debate sobre elas entre as crianças. Coordena-o, suscitando e estimulando a participação de todas as criancas, e as que intervêm com maior frequência são convidadas a ceder o tempo para as que são mais tímidas. Valorizar as respostas e dizer que não existe certo ou errado, mas diferentes olhares. Incluir também questões ligadas ao tema à luz da realidade atual.

3) Espaço para criar

Desenvolvimento das Atividades

Atividade I:
A troca de um segredo[2]

Material necessário: pedaços de papel e lápis.

A educadora ou o educador convida as crianças a escreverem, na papeleta, uma dificuldade de relacionamento com alguém e que não gostaria de expor oralmente. Dobrar da mesma forma todas as papeletas. Misturá-las e redistribuí-las para cada participante, que assumirá a dificuldade, esforçando-se por compreendê-la como se fosse sua. Cada qual, por sua vez, lerá em voz alta a dificuldade descrita na papeleta, apontando uma possível solução.

Compartilhar – A reflexão que cada participante elaborou é partilhada neste momento com as/os colegas, ajudando deste modo a aliviar "as dificuldades reciprocamente", como verdadeiros/as irmãos e irmãs.

Conclusão – Ao finalizar a atividade, convidar as/os participantes a se darem um abraço pela significativa partilha.

---

[2] Inspirada na dinâmica "*A troca de um segredo*". Disponível em: <http://www.catequisar.com.br/texto/dinamica/volume02/76.htm>. Acesso em 17 de set. 2019.

Atividade II:
A união faz a força[3]

Material: Providenciar fios de lã (pedaços de mais ou menos 30 cm) ou palitos de churrasquinho.

A educadora ou o educador distribui entre as/os participantes os fios de lã ou palitos de churrasquinho. Pedir que cada participante olhe, aprecie e pense na utilidade daquele pedaço de lã ou palitos de churrasquinho que têm em mãos. (Pausa).

Convidar as/os participantes a arrebentarem pedaços de lã ou a quebrarem os palitos de churrasquinho e dialogarem sobre a experiência vivida: se foi fácil ou difícil.

Recolher as sobras, para formar um feixe de lã ou um feixe de palitos, depois pedir às crianças que estão com os feixes em mãos para rebentá-los ou quebrá-los. Não conseguindo, pedir ajuda.

Observem como fica mais difícil arrebentar ou quebrar à medida que o feixe fica mais grosso.

Compartilhar – Refletir em grupo o porquê da facilidade de romper um fio e quebrar um palito... e o porquê da impossibilidade de romper um feixe de fios e de quebrar um feixe de palitos. (Pausa).

Sugestão de reflexão: Assim como um fio ou um palito são fáceis de romper ou quebrar, o mesmo aconteceu com Caim, ele sozinho quis resolver o seu problema, a sua dificuldade, não partilhou com ninguém. Não escutou nem mesmo o próprio Deus que o ajudou refletir antes de matar o seu irmão: "O Senhor disse a Caim: Por que estás irritado e por que o teu rosto está abatido? Se estivesses bem-disposto, não levantarias a cabeça? Mas se não estás bem-disposto não jaz o pecado à porta, como animal

---

[3] Baseada na dinâmica "*União faz a força*". Disponível em <http://www.catequisar.com.br/texto/dinamica/volume02/76.htm>. Acesso em 17 set. 2019.

acuado que te espreita; podes acaso dominá-lo?" Caim não deu atenção à voz de Deus, que assim falou à sua consciência.

O que aconteceu a Caim quando ele não aceitou ajuda de ninguém, nem mesmo de Deus? Ele foi autossuficiente, não aceitou juntar o seu fio ou palito com outros fios ou palitos para não ser vencido. Caim não quis abrir os olhos e seguiu o seu instinto.

Conclusão – Quando Caim mata seu irmão Abel, ele rompe sua relação com Deus, com as pessoas, consigo mesmo e com a natureza que chega a clamar da terra.

Se Caim tivesse escutado Deus na sua consciência e não tivesse matado seu irmão Abel, sua relação com Deus iria se fortalecer dia a dia e, como estes fios ou palitos unidos, seria difícil romper ou quebrar.

Observem: mesmo que Caim tenha cometido um crime e reconhecido a sua culpa, Deus o perdoou, e ainda colocou um sinal nele para protegê-lo.

4) Momento celebrativo

A educadora ou o educador convida as crianças a fazerem memória da experiência vivida neste encontro, preparando-se para fazer a releitura do texto bíblico, trazendo a realidade refletida no texto para a atualidade.

a) Releitura do texto bíblico: Gn 4,1-26

A mulher engravidou e deu à luz Caim. Ela exclamava: "Adquiri e ganhei um filho, graças a Deus"! Depois, ela também deu à luz Abel, irmão de Caim. Caim se tornou empresário, dono de uma mineradora de ferro. Já Abel era um criador de gado, e possuía uma pequena fazenda.

Passado algum tempo, Caim ganhou tanto dinheiro com a exploração do ferro, que decidiu abrir uma Organização Não

Governamental (Ong) para ajudar crianças carentes. Já Abel adorava sair e conhecer outros lugares, mas também se dedicava ao cuidado do seu gado. Ele teve a iniciativa de abrir uma "escola ecológica". O pessoal do campo, além de ter acesso à educação e a cursos, pôde aprender ainda mais como conviver e a respeitar a natureza.

Num determinado dia, Caim e Abel se inscreveram num Concurso, para adquirir mais recursos para os seus projetos. O projeto de Abel foi o que mais agradou aos jurados. Caim ficou com muito ciúme e inveja, porque o projeto de seu irmão foi aprovado. O pessoal responsável pelo Concurso, enviou uma mensagem a Caim, dizendo: "Não fique triste e irritado. Levante a sua cabeça e continue com a Ong". Mas ele não deu o braço a torcer! Contratou a equipe de um laboratório para criar "germes", para que se infiltrasse e matasse tudo o que havia na fazenda de Abel.

Caim convidou o seu irmão para passear pelo campo, para comemorar a vitória. Enquanto andavam, Caim lançou mão dos "germes" e foi espalhando em tudo, sem que Abel percebesse. Depois de certo tempo, tudo estava morto na pequena fazenda de Abel, inclusive todo o campo em que morava.

Abel procurou Caim para que o ajudasse, afinal, ele era seu irmão! Caim, com indiferença, propôs a Abel que ele vendesse sua terra para a sua mineradora. E assim foi feito. Abel pegou uma quantia de dinheiro e se mudou para a periferia. Toda a "escola ecológica" que ele construiu foi destruída. Abel morreu, porque também foi afetado pelos "germes". Mas o que realmente matou Abel?

A Polícia investigou o caso e descobriu o plano que Caim arquitetou e executou. Ele foi preso, condenado e todos os seus bens, inclusive sua mineradora, foram destruídos, confiscados ou leiloados. Todos, ao saberem da história, queriam matá-lo. Caim dizia: "Minha culpa é muito grande para suportar".

Após sair da prisão, Caim se retirou para um país vizinho, estudou e tornou-se engenheiro. Até o apelidaram de o "Construtor de Cidades". Conheceu uma grande mulher com quem teve dois filhos: Henoc e Set. Henoc seguiu a profissão do Pai. Já Set, nasceu no país de Abel, e tornou-se criador de gado como seu tio.

b) Atitude de vida

A educadora ou o educador convida as crianças a partilharem sobre aquilo que viveram nesta experiência: o que chamou mais a atenção deles; o que eles escolheriam para viver melhor no convívio em família, na escola, com as/os colegas; qual atitude vai cultivar esta semana para ser uma pessoa melhor?

c) Interiorização

A educadora ou o educador convida as crianças a fazerem sua oração espontânea e depois de cada prece dizer: Jesus, vem caminhar comigo!

Música para finalizar: "Diáspora"[4] ou outra à escolha.

Observação: O próximo encontro será sobre o tema das genealogias/ascendências/descendências. Pedir às crianças que levem fotos de seus antepassados: bisavós, avós, pais, irmãos, tios, primos para o encontro.

---

[4]   ANTUNES, Arnaldo; BROWN, Carlinhos Brown; MONTE, Marisa. *Tribalistas 2*, op. cit. Faixa 01.

7.
Genealogias: preocupação com a unidade, identidade e continuidade do povo
(Gn 4,17-26; 5,1-32; 10,1-31; 11,10-32)

Introdução

A Bíblia diz que Deus ao criar a humanidade fez as pessoas parecidas com ele, à sua imagem e semelhança, tanto o homem quanto a mulher. Depois Deus abençoou o homem e a mulher e deu para eles o dom de gerarem filhos e filhas. O texto bíblico afirma que Adão tinha 130 anos "quando gerou um filho à sua semelhança, e como a sua imagem, e lhe deu o nome de Set". A imagem e a semelhança não é exclusividade dos primeiros patriarcas e matriarcas, mas é transmitida por meio deles à sua descendência. Quando Adão tinha 80 anos foi pai de outros filhos e filhas, e morreu com 930 anos de idade (Gn 5,3-5).

Set, por sua vez, aos 105 anos gerou Enós que foi o primeiro a invocar o nome de "Yahweh". Depois teve outros filhos e filhas e Set morreu com a idade de 912 anos, e assim sucessivamente chegamos a Matusalém que segundo a Bíblia viveu 969 anos (Gn 5,27). Ele teria gerado Lamec que foi pai de Noé, que por sua vez, foi pai de três filhos: Sem, Cam e Jafet. Após o dilúvio fala-se dos descendentes de Sem, com os Patriarcas e as Matriarcas depois do dilúvio até chegar a Taré, pai de Abraão. As genealogias fazem a ponte entre a humanidade antes e depois do dilúvio.

Visão de um povo sobre as origens da vida

As genealogias de Gênesis de quatro a doze

No livro de Gênesis encontramos diversas narrativas de genealogias ou listas de descendentes. A primeira que aparece é de Caim (Gn 4,17-24) e de Set (Gn 4,25-26). Ao lermos atentamente os nomes que aparecem nela, vamos perceber que estes se repetem em uma ou outra genealogia. A narrativa dos descendentes de Caim pertence à tradição javista.

A vida errante de Caim foi interpretada pelo autor bíblico como consequência de seu ato mau, derramando o sangue de seu irmão Abel. A sua genealogia teria sido o resquício de uma genealogia anedótica. Os mesmos nomes aparecerão na genealogia de Set, com pequenas variantes, entre Cainã e Lamec (Gn 5,12-28). Ele é tido como o construtor da primeira cidade, o pai dos pastores, dos músicos, dos ferreiros. Os nomes de alguns filhos de Caim ficaram na memória do povo como: Henoc que andou com Deus, depois desapareceu e teria sido arrebatado por Deus. Matusalém que teria sido o personagem bíblico de maior número de anos de vida, 969. Lamec, pai de Noé, que é tido como justo e íntegro entre os seus conterrâneos, gerou três filhos: Sem, Cam e Jafet.

Não há uma preocupação com a exatidão das informações. Por isso, não é possível buscar nessa relação de nomes uma história e nem mesmo uma cronologia. A preocupação do redator era dar uma unidade à história e por isso, coloca dez gerações entre Adão e Noé, antes do dilúvio, e dez gerações, depois do dilúvio, entre Noé e Abraão. Os números têm um valor simbólico e não real ou exato.

Se observarmos, o número de anos de vida dos patriarcas, antes do dilúvio, é bem maior do que o número de anos dos patriarcas após o dilúvio. Esta visão está ligada a uma interpretação sapiencial da vida, onde o grande número de anos indicaria vida bem vivida, bênção de Deus (Pr 10,27). Mas isso não necessariamente indicaria aumento real de número de anos, ou que a contagem dos anos fosse diferente da nossa forma de contar os anos, ou ainda que o número de anos dos personagens, na época, fosse de fato bem maior. Esta forma de contagem dos anos, sem dúvida, sofreu a influência das culturas contemporâneas ao povo de Israel.

O grande número de anos atribuído aos ancestrais das tribos correspondia a uma prática que havia na cultura dos reis sumérios, da Mesopotâmia,[1] com uma diferença: os personagens bíblicos, antes e depois do dilúvio, não chegam e não ultrapassam mil anos. Enquanto na Mesopotâmia eles chegavam a milhares de anos. "A longevidade dos heróis bíblicos – em torno dos novecentos anos – corresponde à longevidade dos reis sumérios da primeira dinastia após o dilúvio."[2]

Os sobreviventes do dilúvio

Segundo a narrativa do dilúvio, este teria destruído homens e animais. E teriam sobrevivido apenas as pessoas e os animais que estavam na arca de Noé. O repovoamento da terra teria começado com os três filhos de Noé: Sem, Cam e Jafet. Lendo com atenção estes textos percebe-se que na descendência dos três filhos, encontram-se, na verdade, a relação de povos, que são agrupados mais pelas suas relações geográficas e históricas, do que pelas suas afinidades étnicas.

Os descendentes de Jafet teriam ocupado a Ásia menor e as ilhas do Mediterrâneo. Os que são identificados como descendentes de Cam ocuparam os países do Sul, que compreendem a Etiópia, o Egito, a Arábia e Canaã; contudo, esta última, é citada mais como lembrança do período da dominação egípcia sobre a região. Os descendentes de Sem teriam ocupado a parte habitada pelos elamitas, assírios, arameus e a região dos antepassados dos hebreus.

---

[1] Chegavam a dezenas de milhares de anos como dezoito mil e seiscentos a aproximadamente sessenta e cinco mil.

[2] CHOURAQUI, André. *A Bíblia no princípio (Gênesis)*. Rio de Janeiro: Imago, 1995, p.76.

Na visão do redator, o "quadro dos povos" descrito em Gênesis 10 apresenta esta síntese de como os hebreus imaginavam o mundo habitado da época. A visão que está na origem é de que a humanidade inteira descende de um tronco familiar comum, que desde os tempos antigos dividiu-se nestas três grandes famílias. Os descendentes da família de Sem são os que respondem aos nossos estudos.

A descendência de Sem trata dos Patriarcas depois do dilúvio, cujos anos de vida diminuíram significativamente. Os seus descendentes são conhecidos como semitas, dos quais, na sucessão das gerações, nasceu Taré, pai de Abraão, Nacor e Arã, seus irmãos. Abrão e Sarai, cujos nomes serão modificados[3] para Abraão e Sara, são considerados os pais da fé do povo de Israel.

Os antigos sábios viam nestas genealogias um apelo à tomada de consciência da unidade do Gênero Humano, saído de um ancestral comum: Noé. Toda vez que o passado é retomado nas Escrituras é com a intenção de explicar o momento presente e abrir um caminho para que no futuro se restabeleça a fraternidade dos povos que nasceram de um "mesmo casal" Adão e Eva, pais de Set, pai de Noé, pai de Sem, pai de Taré, pai de Abraão.

Finalidade das genealogias

A Bíblia nasceu de um povo que foi se construindo sob o signo da luta pela sobrevivência e para manter a identidade de sua fé. Ela dá muita importância às *Genealogias* desde os primeiros capítulos, mesmo que o façam com um sentido simbólico e ou espiritual. Há diversas genealogias desde Caim até Taré, pai de Abraão.[4]

---

[3] Gn 17,5.15.

[4] Gn 4,17-26 de Caim e Set; Gn 5,1-32: Patriarcas antes do dilúvio; Gn 10,1-31: Tábua das nações; Gn 11,10-26: Patriarcas depois do dilúvio; Gn 11,27-32: Descendência de Taré, pai de Abraão.

As *genealogias* são uma forma de transpor um momento que já foi superado e entrar num outro momento novo. Elas são como pontes que unem o passado ao presente para que não se perca a identidade no presente e a continuidade no futuro. São como fios de um bordado que realçam e desenham a imagem que se quer mostrar. Por isso, as *genealogias bíblicas* são extremamente importantes.

O povo da Bíblia preocupa-se em conservar e transmitir a sua história às gerações futuras. Por isso era importante salvaguardar a *unidade*, a *identidade* e a *continuidade* do seu povo por meio das tradições de seus antepassados. Do mesmo modo que certas famílias, ao fazerem a memória de sua história, vão buscar as suas "origens" a fim de guardar esta unidade, identidade e continuidade da família. Em todos os tempos há o interesse para que seus nomes, suas histórias sejam guardadas. Por isso, se dão o trabalho da pesquisa, facilitada pela internet, e reconstroem suas genealogias.

Nas condições em que viviam as pessoas, esse grande número de anos não corresponde a uma cronologia exata, mas ela quer significar a importância que essas pessoas tiveram dentro da história de seu povo; por isso ela é verdadeira na sua mensagem. Por exemplo, às vezes as famílias celebram os 100 anos do vovô ou da vovó, mas eles já morreram quando tinha 70 ou 90. Então por que celebrar? Para conservar a memória deles, a lembrança do que eles foram e do que eles fizeram e continuam significando para a família. Assim faz a Bíblia. Dessa forma ela liga o passado dos tataravôs ou avós com o presente dos netos ou bisnetos.

Certamente não é possível gerar filhos ou filhas com idades tão avançadas. Porém é possível continuar sendo testemunho, presença, estímulo para as gerações futuras. Por isso a Bíblia relata os acontecimentos por meio de uma linguagem simbólica ou comparações. Essas idades avançadas também significam que as gerações passadas continuam ligadas às gerações presentes, marcando a sua história.

Concluindo

Não há ser humano sobre a face da terra que não tenha sido gerado por uma mulher. Os descendentes formam as genealogias, tanto ontem quanto hoje. O povo da Bíblia tinha grande interesse e veneração pelos seus Patriarcas e Matriarcas, que estão no início da história do seu povo. Mesmo que não haja exatidão de nomes e a sucessão de gerações, elas existiram.

O autor bíblico construiu as narrativas de genealogia a partir de nomes de personagens reais e de nomes conhecidos na época, formando os descendentes de seus antepassados. Diversas genealogias foram formadas a começar por Caim que, segundo a tradição, é filho de Adão e Eva. Caim e sua descendência não entram na relação dos patriarcas antes do dilúvio em Gn 5,1-32, que começa com a descendência de Adão e Eva e continua com Set, o filho mais novo.

Dentre os nomes dos patriarcas antes do dilúvio são conhecidos alguns que ficaram na memória do povo e retornam em textos do Segundo Testamento, como Henoc, Matusalém, Lamec, Noé. Os filhos de Noé: Sem, Cam e Jafet fazem parte da tábua das nações de Gn 10,1-32 e a ela segue a descendência de Taré, pai de Abraão em Gn 11,27-32. Segundo a tradição bíblica, Abraão é o patriarca e Sara a matriarca que deram origem ao povo de Deus.

A importância dessas genealogias está na continuidade da história do povo de Deus com suas tradições que se sucedem de geração em geração, conferindo-lhes uma identidade e dando-lhes uma unidade social, cultural e religiosa. Não se trata de um povo sem rosto, antes é profundamente marcado pelas suas tradições. Este povo é forte, aguerrido e perseguido ao longo de sua história até os nossos dias, com lutas e guerras em defesa de sua identidade, do seu território e de suas tradições.

5º Tema:
"A duração da vida de Matusalém foi de novecentos e sessenta e nove anos" (Gn 5,27)

A educadora ou o educador saúda as crianças, dando-lhes as boas-vindas e as introduz no tema do dia: "Vida longa: Bênção de Deus!". O que é vida longa? Quem são as pessoas que vocês conhecem que tiveram longa vida? Quantos anos elas tinham quando nos deixaram? Viver é uma bênção de Deus!

Vamos ler na Bíblia quem é este personagem a quem foram atribuídos mais anos de vida do que todos os seres humanos que viveram sobre a terra, até hoje! Vocês sabem o nome dele? Vamos ler na Bíblia (Gn 5,27): *"Toda a duração da vida de Matusalém foi de novecentos e sessenta e nove anos, depois morreu".*

1) Sensibilização

A educadora ou o educador coloca a Bíblia no centro e ao redor dela figuras bíblicas de homens e mulheres que representem os Patriarcas e as Matriarcas, como Abraão e Sara, Isaac e Rebeca, Jacó e Lia... Em seguida, colocar as fotografias de tataravós, bisavós, avós, pais e filhos, que as crianças trouxeram, ajudando-as a dispô-las sobre uma cartolina ou pano no centro da sala, onde elas se sentam ao redor. Cada criança partilha um pouco sobre o que sabe de seus antepassados: quem ela conheceu, o que lembra dele ou dela ou o que os pais e familiares falavam sobre eles/elas... (Pausa).

2) Diálogo interativo

A educadora ou o educador da fé convida as crianças a fazerem suas perguntas a partir do texto bíblico que foi lido. As perguntas podem ser dirigidas à pessoa que coordena o grupo, esta por sua vez as anota no quadro ou num papel para servirem no diálogo interativo, no qual as próprias crianças vão debater sobre elas, sem ser-lhes dada a resposta. Caso as crianças não cheguem à uma resposta, formular outras perguntas que as ajudem a refletir, até encontrarem uma resposta mais adequada.

A criança que estiver com o dado em mãos tem o direito à palavra. E toda vez que outra criança desejar completar a resposta ou responder uma questão levantará sua mão, e ela receberá o dado para poder falar.

a) Leitura do texto bíblico

As crianças sempre manifestam curiosidade sobre a família. Geralmente os pais mostram o álbum familiar das fotos e ajudam a criança a identificar os participantes. O Povo da Bíblia também criou seu álbum de família e procurava, por meio das histórias de seus antepassados, identificar os personagens, fazendo por meio deles a ponte entre o passado e o presente. Por isso, entre um fato e outro, costuravam-se as relações entre as famílias. No livro da Bíblia a grande ponte que une o passado ao presente são as *genealogias* que estão presentes, nos primeiros onze capítulos de Gênesis, mas também no Segundo Testamento.

Foram selecionados alguns versículos das genealogias que mostram o número elevado de anos dos patriarcas antes do dilúvio e sua diminuição após o dilúvio.

Patriarcas antes do dilúvio

Lado A: [5,1]Eis o livro da descendência de Adão: No dia em que Deus criou Adão, ele o fez a semelhança de Deus.

"A duração da vida de Matusalém foi de novecentos e sessenta e nove anos" (Gn 5,27)

Lado B: [2]Homem e mulher, ele os criou, abençoou-os, e lhes deu o nome de "Homem", no dia em que foram criados.

Lado A: [3]Quando Adão completou cento e trinta anos, gerou um filho a sua semelhança, como sua imagem, e lhe deu o nome de Set.

Lado B: [4]O tempo que viveu Adão depois do nascimento de Set foi de oitocentos anos, e gerou filhos e filhas.

Lado A: [5]Toda geração da vida de Adão foi de novecentos e trinta anos, depois morreu.

Lado B: [6]Set gerou Enós, que viveu novecentos e cinco anos e depois morreu...

Lado A: [21]Quando Henoc completou sessenta e cinco anos, gerou Matusalém. [22]Henoc andou com Deus. Depois do nascimento de Matusalém, Henoc viveu trezentos anos, e gerou filhos e filhas. [23]Toda a duração da vida de Henoc foi de trezentos e sessenta e cinco anos. Henoc, andou com Deus e depois desapareceu, pois Deus o arrebatou.

Educadora ou educador da fé, observe que Henoc distingue-se dos demais Patriarcas. Ele tem uma vida mais curta. Atinge o número perfeito de anos, do sistema solar: 365 dias. Ele andou com Deus, como Noé (Gn 6,9). Desapareceu misteriosamente, arrebatado por Deus, como Elias (2Rs 2,11-12). Na tradição do povo da Bíblia ele é reconhecido pela sua piedade (Eclo 44,16; 49,14).

Lado B: [25]Matusalém gerou Lamec. [27]Toda a duração da vida de Matusalém foi de novecentos e sessenta e nove anos, depois morreu.

Lado A: [28/29]Lamec gerou Noé. Toda a vida de Lamec foi de setecentos e setenta e sete anos, depois morreu. Quando Noé completou quinhentos anos, gerou Sem, Cam e Jafé (Gn 5,32). Noé era um homem justo, íntegro entre seus conterrâneos, e andava com Deus (Gn 6,9).

Patriarcas depois do dilúvio

Lado B: [11,10]Eis a descendência de Sem: Quando Sem completou cem anos, gerou Arfaxad, dois anos depois do dilúvio. Ele viveu quinhentos anos e gerou filhos e filhas.

Lado A: [14]Quando Salé completou trinta anos, gerou Héber. Ele viveu quatrocentos e trinta anos, e gerou filhos e filhas.

Lado B: [16]Quando Héber completou trinta e quatro anos, gerou Faleg. Depois do nascimento de Faleg, Héber viveu quatrocentos e trinta anos, e gerou filhos e filhas.

Lado A: [24]Quando Nacor completou vinte e nove anos, gerou Taré. Ele viveu cento e dezenove anos, e gerou filhos e filhas.

Lado B: [26]Quando Taré completou setenta anos, gerou Abraão, Nacor e Arã. Arã gerou Ló. [28]Arã morreu na presença de seu pai Taré, em sua terra natal, Ur dos Caldeus. [29]Abraão e Nacor se casaram: a mulher de Abrão chamava-se Sarai; a mulher Nacor chamava-se Melca, filha de Arã, que era pai de Melca e de Jesca. [30]Ora, Sarai era estéril, não tinha filhos.

Lado A: [31]Taré, tomou seu filho Abraão, seu neto Ló, filho de Arã, e sua nora Sarai, mulher de Abraão. Ele os fez sair de Ur dos Caldeus para ir à terra de Canaã, mas chegados a Harã aí se estabeleceram.

Lado B: [32]A duração da vida de Taré foi de duzentos e cinco anos, depois ele morreu em Harã.

b) Levantamento de questões

A educadora ou o educador da fé dialoga com as crianças sobre o texto bíblico lido. Vocês já tinham ouvido falar sobre algum desses personagens? Qual? O que vocês sabem sobre ele? (Pausa). Agora vocês podem discutir em duplas sobre a pergunta que vocês gostariam de fazer, ou alguma curiosidade

"A duração da vida de Matusalém foi de novecentos e sessenta e nove anos" (Gn 5,27)

que despertou seu interesse. Lembrem-se de que aqui não tem certo ou errado, cada um/a sinta-se livre para fazer a pergunta que desejar sobre este texto.

As sugestões abaixo são sobre a compreensão do texto, sua interpretação e questões a partir da atualidade.

Perguntas para a compreensão do texto

Os nomes das pessoas dessa lista são conhecidos de vocês? (Pausa).

Quais são os nomes da história do povo da Bíblia que vocês conhecem? (Pausa).

Como se chama o homem que teria vivido maior número de anos sobre a terra?

Vocês conhecem alguém da história do Brasil, da sua família, que viveu mais de cem anos?

É possível uma pessoa viver duzentos e cinco anos hoje, como Taré, pai de Abraão?

É possível gerar filhos e filhas, por exemplo, com a idade de 187 anos como Matusalém?

Perguntas para a interpretação do texto

O que significa viver 969 anos? Será que ele viveu mesmo esse tanto de anos ou é um número simbólico?

Se o número 969 não é um número exato, e sim um número simbólico, o que ele quer significar?

Por que era uma bênção para o povo da Bíblia, gerar filhos e filhas, ter descendência?

Taré, teve três filhos, entre eles, Abraão. Qual é o nome dos outros dois?

Perguntas a partir da atualidade relacionadas com o texto

Quem de vocês conhece ou conheceu seus avôs e suas avós paternas e maternas? Quantos filhos e filhas cada casal teve?

E quantos anos eles têm e tinham quando faleceram?

Qual é a idade do papai e da mamãe?

Quantos irmãos e irmãs você tem?

Quem é mais parecido com o papai ou com a mamãe no jeito de ser?

Quando é que a gente se parece com Deus?

c) Debate sobre as questões

A educadora ou o educador convida as crianças para o início do debate a partir das perguntas que elas elaboraram para o autor do texto. Este exercício as ajuda a desenvolverem a reflexão, a se tornarem mais envolvidas no próprio processo de aprendizagem da Bíblia, e deste modo, crescerem na fé.

3) Espaço para criar

Desenvolvimento das atividades

Atividade I
Montando a árvore genealógica de Abraão a Jesus

A educadora ou educador da fé convida as crianças a pensarem no seu nome e sobrenome. Nem sempre as pessoas foram identificadas pelo sobrenome. As pessoas eram identificadas pelo nome e como filhos e filhas de fulano de tal (Os 1,1; Jr 1,1). Muito antes de Jesus e no seu tempo as pessoas eram conhecidas só pelo nome. Quando elas se tornaram muitas com o mesmo nome foi preciso criar um sobrenome. Algumas pessoas já tinham este sobrenome da família, outras receberam

"A duração da vida de Matusalém foi de novecentos e sessenta e nove anos" (Gn 5,27)

o sobrenome pela profissão que os antepassados exerciam, ou pelo lugar de onde vieram, ou ainda pelo nome de alguma árvore, e assim por diante. Vamos dizer os nossos sobrenomes? (Pausa). Cada pessoa, seja qual for o sobrenome, é querida e amada por Deus.

Objetivos

Montar a árvore genealógica de Abraão até Jesus.

Conhecer a ascendência de Jesus.

Materiais

Cartolina ou papel kraft;

Papel sulfite A4;

Canetinhas ou lápis de colorir;

Tesoura;

Cola.

Preparação do Jogo

Na cartolina ou no papel kraft desenhar com canetinhas ou lápis de colorir a árvore genealógica com retângulos em branco numerados de 1 a 38 ou imprimir a imagem a seguir.

No papel sulfite, escrever ou imprimir os nomes da árvore genealógica de Abraão até Jesus.

Recortar os retângulos e colocá-los em um envelope ou saquinho (se desejar separar o grupo em mais equipes, preparar o mesmo material na quantidade de grupos a serem formados);

Em outro papel sulfite, escrever ou imprimir as frases com orientação e dicas que estão, a seguir, para montagem da árvore genealógica.

Visão de um povo sobre as origens da vida

Modelo:

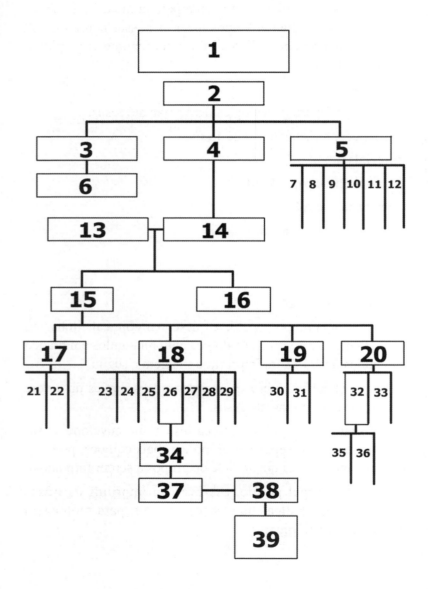

"A duração da vida de Matusalém foi de novecentos e sessenta e nove anos" (Gn 5,27)

Linhagem de Abraão até Jesus

Maria		José
Bila	Abraão	Jesboc
Agar	Sarah	Sué
Ismael	Isaac	Cetura
Jacó	Rebeca	Midiã
Esaú	Davi	Zamrã
Naftali	Lia	Jecsã
Levi	Zebulon	Zelfa
Simeão	Benjamim	Gad
Dã	Judá	Raquel
Aser	Jesus Cristo	Isaacar
Manassés	Madã	José
	Efraim	Dina
		Rúben

Visão de um povo sobre as origens da vida

Orientações e Dicas:

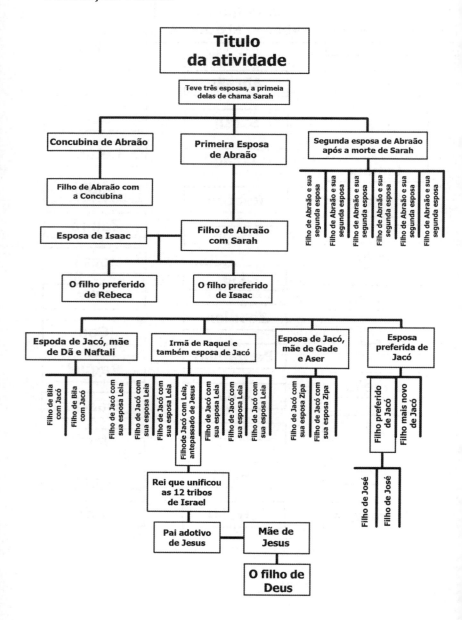

"A duração da vida de Matusalém foi de novecentos e sessenta e nove anos" (Gn 5,27)

Modelo da montagem final

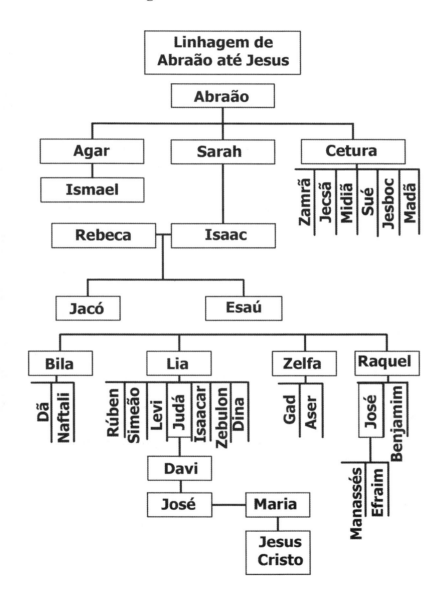

Participantes: uma ou mais crianças.

Como jogar

Após a leitura e/ou conto do texto bíblico, separar a turma em grupos.

Para cada grupo entregar uma cartolina ou papel kraft já com a árvore genealógica montada, com os retângulos em branco e numerados como o modelo anterior.

Entregar a cada grupo uma cola e um envelope com as tiras com os nomes para montagem da Árvore Genealógica.

As crianças deverão montar a árvore genealógica como demonstrado no modelo da montagem final que ficará somente com a educadora ou o educador da fé para consulta.

A educadora ou o educador da fé lerá em voz alta uma dica de cada vez na ordem de cima para baixo para que as crianças coloquem o nome correto no local indicado.

Cada grupo deverá colar na ordem correta com ajuda das orientações e dicas.

Ao final, a educadora ou o educador da fé junto com as crianças irá conferir a montagem do(s) grupo(s), realizando as correções necessárias.

Sugestão

Esta atividade poderá ser desenvolvida por um ou mais grupos, dependendo do número de crianças. Este jogo é indicado para crianças entre 7 a 12 anos.

Avaliação da experiência

O que foi novidade para você nesta atividade?

Você se lembra das histórias de algum desses personagens?

Convidar as crianças a realizarem em casa sua árvore genealógica a partir das bisavós e dos bisavôs.

"A duração da vida de Matusalém foi de novecentos e sessenta e nove anos" (Gn 5,27)

Atividade II
Quem são os Patriarcas e Matriarcas da Bíblia

A educadora ou o educador motiva as crianças a participarem da atividade sobre as matriarcas e os patriarcas para conhecerem quem são os antepassados de Jesus. Eles e elas exercem um papel muito importante, porque constroem a história de um povo que se sucede de geração em geração e chegam até Jesus. Jesus faz parte da história do povo da Bíblia; ele conheceu suas tradições culturais, familiares, sociais e religiosas.

Objetivos

Identificar alguns patriarcas e matriarcas da Bíblia;

Dar-se conta da sua importância na história do povo da Bíblia.

Materiais

Papel sulfite A4;

Cola;

Tesoura.

Preparação do jogo

Imprimir de forma ampliada os modelos de contorno dos rostos que estão a seguir, um para cada criança do grupo;

Imprimir com a mesma ampliação dos contornos os itens que estão no modelo;

Recortar cada item e colocar todo em uma caixa.

Visão de um povo sobre as origens da vida

Modelo

Contorno do rosto

Itens montagem

"A duração da vida de Matusalém foi de novecentos e sessenta e nove anos" (Gn 5,27)

Participantes: Uma ou mais crianças.

Como jogar

Após a leitura e/ou conto do texto bíblico, dar a cada criança um modelo do contorno de um rosto;

Colocar a caixa com os itens recortados no meio do grupo;

Dizer para cada criança escolher um patriarca ou uma matriarca;

Pedir para que ela o/a imagine nos dias de hoje;

Agora, com uma imagem formada no pensamento, cada criança, utilizando os itens recortados que estão na caixa, deverá montar o rosto do patriarca ou da matriarca que imaginaram e escolheram.

Dar a elas cerca de 10 a 15 minutos para a montagem;

Após cada criança ter montado a imagem do rosto do seu personagem, criar uma história sobre ele ou ela, trazendo para os dias atuais.

Ideias de montagem

Sugestão:

Esta atividade poderá ser desenvolvida por um ou mais grupos, dependendo do número de crianças. Este jogo é indicado para crianças entre 7 a 12 anos.

Avaliação da experiência

Como você se sentiu ao realizar esta atividade?

A sua montagem saiu como você tinha imaginado a sua matriarca ou o seu patriarca?

Quem você considera matriarca ou patriarca na sua família?

"A duração da vida de Matusalém foi de novecentos e sessenta e nove anos" (Gn 5,27)

4) Momento celebrativo

Este é o momento para celebrar e sintetizar a experiência vivida traduzindo-a em gestos concretos para a vivência do dia a dia, para rezar, agradecer a Deus pela vida das matriarcas e dos patriarcas que nos transmitiram a vida, os valores, a fé.

a) Releitura do Texto bíblico

Certo dia, Noé da Silva ouviu estes versos de uma música:

"O meu pai era paulista
Meu avô, pernambucano
O meu bisavô, mineiro
Meu tataravô, baiano
Vou na estrada há muitos anos
Sou um artista brasileiro"... [1]

Educando com a letra da música, Noé da Silva resolveu pesquisar a genealogia de sua família. Ele descobriu que seus parentes e familiares, além de surgirem de várias partes, sua família teve a interação com diferentes povos, etnias e descendência: africana, indígena, portuguesa, espanhola, italiana, judia, árabe, alemã, francesa, holandesa, japonesa... e outras.

Noé da Silva percebeu a importância de conhecer e pesquisar a sua própria ascendência: valorizar a memória e a história de seus antepassados, viver e acolher o presente, para também deixar uma descêndencia no futuro!

E você, já pesquisou sua ascendência ou árvore genealógica?

Eis a descendência de Noé. Noé da Silva gerou os povos da África. A África gerou os povos da Ásia, que gerou os povos da Oceania e da Europa. Depois a Europa gerou os povos das Américas.

---

[1] HOLLANDA, Chico Buarque. *Paratodos*. Rio de Janeiro: RCA/BMG, 1993. CD: Faixa: 01.

Visão de um povo sobre as origens da vida

As origens dos povos, clãs e nações aconteceram mais ou menos assim: a humanidade surgiu na África e permaneceu naquele continente durante um bom tempo. Depois, uma seca prolongada (ou um dilúvio, quem sabe?) quase causou a extinção do ser humano. Restaram poucas pessoas para reconstruir a humanidade. Com a melhora das condições climáticas, a reexpansão foi rápida.

Com isso, um pequeno grupo de humanos saiu de seu lar, no leste africano, e arriscou-se mundo afora. Esses pioneiros, aparentemente, seguiram por via costeira e chegaram ao sudeste asiático.

Do sudeste asiático, os seres humanos migraram sucessivamente para a Oceania, o restante da Ásia, a Europa e, finalmente, as Américas. Cada uma dessas ramificações da humanidade foi baseada em um pequeno grupo humano, que se aventurou ou foi forçado a mudar-se para novos territórios.

Já nas Américas, calcula-se que o povoamento foi provavelmente feito por um grupo muito pequeno de pessoas, que vieram através do estreito de Behring. Em 1492, quando Cristóvão Colombo "chegou" nas Américas, havia aqui cerca de 50 milhões de habitantes e uma enorme variedade cultural.[2]

Hoje, somos bilhões de pessoas. Apesar da diversidade de povos, nações, todos somos irmãos, pois os seres humanos, segundo alguns cientistas, são originários dos povos da África, e, por conseguinte, literalmente de "Noé" – força vital.

b) Atitude de vida

A educadora ou o educador da fé convida as crianças a se sentarem em círculo, com a Bíblia colocada no centro e ao seu redor coloquem a montagem que fizeram e ao seu lado as fotos que as crianças trouxeram. Pedir às crianças que observem as montagens e todas as fotos, e escolha uma foto que mais

---

[2] PENA, Sergio Danilo. Disponível em <http://cienciahoje.uol.com.br/119CAPÍTULO viii224>. Acesso em: 12 jun. 2018.

"A duração da vida de Matusalém foi de novecentos e sessenta e nove anos" (Gn 5,27)

chamou sua atenção. Abre-se a possibilidade para que cada criança diga por que escolheu a foto a montagem que está em suas mãos (Pausa).

c) Interiorização

Vamos ouvir a canção *"Oração da família"*[3] do Pe. Zezinho, cuja letra fala das tradições da família.

Quem quiser pode pegar a fotografia, ou o álbum que trouxe para preparar o ambiente: pedir que, em silêncio, contemplem o papai, a mamãe ou algum dos parentes que aparecem nas fotos e pensem com quem *se parecem e o que querem agradecer* a Deus.

Agrupar todas as fotos ao redor da Bíblia aberta no Gn 5. Passar a Bíblia de mão em mão. Pedir que falem o que estão sentindo nesse momento.

Ou fazer uma roda ao redor da Bíblia e dizer do que gostaram do encontro de hoje. Fechar com um canto ou refrão pertinente ao assunto e ou o refrão que abriu o encontro.

---

[3] OLIVEIRA, José Fernandes de (Pe. Zezinho scj). *Sol nascente, Sol Poente.* São Paulo: Paulinas/COMEP, 1994. CD: Faixa: 01.

8.
Dilúvio: Inundação das águas e uma nova criação (Gn 6,1–9,17)

Introdução

A narrativa do dilúvio em Gn 6–9 foi redigida por muitas mãos, com diferentes olhares, o que seria objeto de estudo do método histórico crítico. A abordagem dessas narrativas será feita sobre o texto final, como foi acolhido na fé pela comunidade de Israel e cristã, sem nos ater à história da formação do texto. Contudo é importante ler o texto segundo a razão pela qual ele foi escrito: alimentar a fé do povo de Israel no Deus que salva; mostrar a ação maravilhosa desse Deus em seu favor, mesmo que ele tenha visto a grande maldade do coração humano, e até tivesse se arrependido de tê-los criado (Gn 6,5-7).

Com a criação, Deus estabeleceu uma aliança com o ser humano, oferecendo-lhe a vida do reino mineral, vegetal, animal e humano com todos os meios para a sobrevivência. Ainda deu-lhes a bênção para que esta vida se multiplicasse sobre a terra. Mas, com a não aceitação do limite que proporcionaria um espaço vital para consigo mesmo, com o outro, com Deus e com a natureza, o ser humano rompeu a aliança com ele. O autor descreve esta experiência como expulsão do paraíso e o castigo como consequência. A ruptura prossegue com a morte de Abel, e segue com a infidelidade do povo que o teria tornado merecedor do dilúvio, como forma de lavar a maldade do ser humano e recomeçar tudo com uma nova criação.

Deus se arrepende de ter criado o ser humano

O verbo usado para falar da totalidade do mal praticado pelo ser humano sobre a terra é "arrepender-se"; é como se Deus tivesse se arrependido por tê-lo criado. Observem o quanto é paradoxal, e diria até irônico, o uso do verbo arrepender-se, pois, quem deveria se arrepender pela sua maldade é o ser humano: *"O Senhor arrependeu-se de ter feito o homem sobre a terra, afligiu-se o seu coração"* (Gn 6,6). Contudo, Deus permanece o que é na sua essência: o Deus da vida, o Deus bom, o Deus fiel. Ele destrói o mal pela raiz e o salva ao mesmo tempo.

Foi assim que Deus se revelou nas narrativas de Gênesis 1 e 2 ao criar o universo: *"Deus viu tudo o que tinha feito: e era muito bom"* (Gn 1,31). No momento em que o ser humano transforma a criação em maldição pela sua maldade, Deus interveio para revelar-lhe que a destruição já havia acontecido com a anulação do seu projeto criativo. Era necessário que Deus interviesse, porque só ele é capaz de destruir o mal e, ao mesmo tempo, dar a graça da salvação, conforme afirma o Apóstolo Paulo: *"... onde abundou o pecado, superabundou a graça"* (Rm 5,20). Deus salvou Noé da destruição porque encontrou graça aos seus olhos, por ser um homem justo, íntegro entre seus contemporâneos, e andava com ele (cf. Gn 6,9).

Outro verbo usado pelo autor para falar da maldade humana é "corromper-se", e pode significar também "destruir", porque o fato de corromper-se já é uma forma de autodestruição, pois, a terra perverteu-se diante de Deus e encheu-se de violência, como também ele viu que a terra estava pervertida, e toda a carne tinha uma conduta perversa sobre a terra (cf. Gn 6,11-12). Deus disse a Noé que enviaria o dilúvio sobre a terra e pediu-lhe que construísse uma arca, dando-lhe toda a orientação para salvar a sua vida, de sua família e dos animais.

"Mandarei o dilúvio sobre a terra"

Deus manda Noé construir a arca; ela não é obra de sua iniciativa. Ele obedece a Deus com a precisão de quem torna o próprio gesto, um gesto de obediência, até nos mínimos detalhes. É este gesto de obediência que salva Noé, e não a construção da arca. O número quarenta indica a totalidade da experiência em sete dias. Entre o anúncio do dilúvio e a execução há sete dias da paciência de Deus; são dias da graça. Se o ser humano se arrepender, Deus também se arrependerá, não o destruirá.

Nota-se uma aparente contradição entre a ordem de Deus ao enviar o dilúvio para destruir todo o sopro de vida e, ao mesmo tempo, mandar construir uma arca para salvar o sopro vital de uma família e de animais. A chuva caiu durante quarenta dias e quarenta noites, as águas cresceram, inundaram a terra e a arca se elevou, para salvar a vida daqueles que estão nela.

As mesmas águas que são destruições e morte para muitos se tornaram vida e salvação para outros, como toda a história que precede o dilúvio e carrega o mesmo paradoxo. Do mesmo modo, a mulher e o homem que se sentem nus, são expulsos do paraíso e, no entanto, Deus provê uma veste para cobrir sua nudez (Gn 3,21). Caim mata o irmão e sente medo de ser morto e Deus o protege com um sinal (Gn 4,15). Estas narrativas revelam que a infidelidade à aliança sempre gera a morte e o dom de Deus é sempre incondicional e gerador de vida.

A arca é apresentada como sinal da paciência de Deus. Há semelhanças com a narrativa do profeta Jonas que recebe a missão de pregar a conversão dos ninivitas, que seriam destruídos pela sua maldade. O anúncio do profeta Jonas leva o povo ao arrependimento, e este é um anúncio profético. Jonas não suporta que os ninivitas opressores do povo tenham a chance da salvação, e queria a vingança para esse povo.

Visão de um povo sobre as origens da vida

O dilúvio é o retorno ao caos inicial, onde não há distinção entre terra e água. Este caos agora foi criado pelo ser humano. Ainda assim, a arca tornou-se sinal profético e um apelo à conversão, uma vez que nela está a salvação. Pois, Deus se lembra de Noé (Gn 8,1), enquanto as águas baixavam e a arca pousou sobre o monte *Ararat*. Noé faz o teste enviando a pomba, que não encontrando lugar para pousar, voltou. Depois de sete dias repetiu o teste, a pomba não voltou. Noé entrou (Gn 7,16) e saiu da arca sob as ordens do Senhor (Gn 8,16). O primeiro ato de Noé, ao sair da arca, é de construir um altar, sobre o qual ofereceu um sacrifício agradável ao Senhor (Gn 7,21-22).

Deus abençoou... e mandou multiplicarem-se...

Após o dilúvio *"Deus abençoou Noé e seus filhos e lhes disse: 'Sede fecundos, multiplicai-vos, enchei a terra. Sede o medo e o pavor de todos os animais da terra e de todas as aves do céu, como tudo o que se move na terra e de todos os peixes do mar: eles são entregues nas vossas mãos. Tudo o que se move e possui vida vos servirá de alimento, tudo isso eu vos dou, como vos dei a verdura das plantas'"* (Gn 9,1-3).

O ser humano é novamente abençoado e consagrado rei da criação, como nas origens, mas não é mais um reinado pacífico. A nova época conhecerá "o medo e o pavor de todos os animais da terra...". Esta vida abençoada se manifesta como uma vida abençoada por Deus, enquanto recebida pode ser doada aos outros na fecundidade, criando uma corrente de expansão da vida que faz dela qualquer coisa que pode exprimir-se em plenitude, eis a vida abençoada, que foi destruída pelo dilúvio, agora vem doada ao ser humano.

Há uma diferença desta bênção com a primeira bênção dada na criação: *"Sede fecundos, multiplicai-vos, enchei a terra e submetei-a..."* (Gn 1,28). A bênção dada depois do dilúvio fala também que o ser humano se torna o medo e o pavor de todos os animais da terra. O que antes era domínio como forma de serviço, como cuidado e defesa da vida, como poder que não tira a vida, mas a respeita, após o dilúvio o poder é corrompido pela perversão do pecado. Antes todos se alimentavam com as ervas; agora o ser humano se alimenta dos animais porque mudou a relação com a vida, porque agora o ímpeto é matar. A vida se alimenta da morte de outros. Quando em Jesus, ao contrário, com sua vida doada, supera a morte e por isso torna-se capaz de oferecer o seu corpo e sangue como vida para a humanidade.

Há uma contradição que entra na relação entre Deus e o ser humano, a violência. Pois Deus abençoa e abençoa tendo presente a violência do ser humano, porque a vida se alimenta da morte. Mesmo que resta a contradição é preciso respeitar a vida e não matar pelo gosto de matar e a sede de sangue, mas só para viver. A contradição torna-se maior ainda quando se passa ao desejo de matar o ser humano como vingança de sangue, o que denigre o ser humano criado à imagem e semelhança com Deus.

A aliança de Deus com Noé

Deus estabeleceu uma aliança com Noé e seus filhos: *"Eis que estabeleço minha aliança convosco e com os vossos descendentes depois de vós, e com todos os seres animados que estão convosco: aves, animais, todas as feras, tudo o que saiu da arca convosco, todos os animais da terra. Estabeleço minha aliança convosco: tudo o que existe não será mais destruído pelas águas do dilúvio; não haverá mais dilúvio para devastar a terra"* (Gn 9,9-11). O autor usa o termo *"berit"* que significa também "compromisso pessoal", uma espécie de aliança bilateral, na qual se pede obediência e resposta incondicional.

No momento em que a vida não é mais plena, porque foi assinalada pela morte, Deus deve intervir; quando a vida é ameaçada pela morte com uma palavra diversa, leva em conta essa realidade de morte e coloca explicitamente a vontade divina, que é a vontade de vida. O sinal dessa promessa de Deus é o arco pendurado nas nuvens. Deus pendura na nuvem o seu instrumento de morte. O arco serve para matar animais e para ir à guerra. Ele é uma arma de morte que Deus abandona definitivamente, a própria atitude de violência em confronto com a vida, para dizer que nunca mais a vida será ferida.

O fato de que depois da chuva apareça o arco-íris como elemento de maravilha e como elemento de grande beleza, este servirá para recordar que Deus não fará mais inundar a terra. A chuva é conectada com um sinal de grande beleza, que suscita admiração. Este é para fazer lembrar a Deus que não haverá mais o dilúvio. Ele lembra o fim da chuva, e que ela não mais provocará a morte. Que Deus não destruirá mais a terra.

O arco-íris é um fenômeno natural, é belo e aparece de improviso; e, quando aparece, o ser humano entende que a chuva terminou e por isso se abre à alegria do sol, é algo de misterioso porque não se vê o seu início e onde termina. Ele se torna recordação, sinal e testemunho da fidelidade de Deus para com o ser humano.

O autor bíblico carregou estas narrativas com fortes ensinamentos sobre a justiça e a misericórdia de Deus, bem como sobre a malícia do ser humano e a salvação concedida ao justo, segundo a interpretação de Hebreus 11,7. Segundo outros textos bíblicos do Segundo Testamento, o dilúvio é um julgamento divino que prefigura os últimos tempos,[1] bem como a salvação concedida a Noé que prefigura a salvação concedida aos que renascem pelas águas do Batismo.[2]

---

[1] Lc 17,26s; Mt 24,37s.

[2] 1Pd 3,20-21.

Concluindo

A longa narrativa sobre o dilúvio é muitas vezes lida de uma forma muito ingênua, admite-se por antecipação a possibilidade de ser uma narrativa viável, sem levar em conta seu fundo mitológico, uma reflexão sobre as condições possíveis da grande diversidade de vida dentro de um espaço físico muito restrito e com a grande variedade de animais de todas as espécies, sem levar em conta o seu tamanho, suas necessidades para a sobrevivência durante quarenta dias. Como se houvesse uma convivência respeitosa e pacífica entre todas as espécies.

Esta abundância incontida da água pode ter até uma fundamentação histórica de uma grande inundação, pelas configurações geográficas com a afluência de grandes rios na região da Mesopotâmia, uma vez que exceto a tradição Eloísta as demais estão presentes na redação do texto. O que é importante observar é que Deus renova a sua aliança com Noé, quando a humanidade se corrompeu, e ele foi instrumento de Deus para resguardar a vida. Deus sela sua aliança com um sinal da natureza, de extrema beleza e encanto. Não mais o arco que pode ser entendido como instrumento de morte, mas o arco-íris como sinal de vida, sinal da aliança de Deus com a humanidade, por meio de Noé.

O dilúvio é um ato de "des-criação" se assim pudéssemos dizer. Tudo aquilo que Deus havia criado nos capítulos iniciais do livro de Gênesis ele "des-criou". Literalmente, Deus destruiu tudo aquilo que havia criado, foi uma tragédia segundo os textos. Em poucos dias tudo voltou ao caos inicial, e Deus novamente tudo recriou. Noé no hebraico significa consolação, é digno de dar à luz um novo mundo. Tanto ele como Henoc viviam na presença de Deus e caminhavam com ele.

A exegese alegórica dos Santos Padres da Igreja vê na arca a prefiguração da Igreja, que acolhe a todos na multiplicidade da diferença de povos, línguas, cor, cultura, para guiá-los ao porto da salvação. Ainda, ela vê também em Noé o Cristo Salvador e Consolador. E nas dimensões da arca (Gn 6,13-16), a representação das virtudes da alma: a fé, a caridade, a esperança, o espírito, a oração, a contemplação.

6º Tema:
"Vou enviar o dilúvio sobre a terra" (Gn 6,17; 7,22)

A educadora ou o educador da fé saúda as crianças e as acolhe com entusiasmo e as abraça, chamando-as pelo nome. Suscita interesse e curiosidade sobre o tema. Vamos ver se vocês são capazes de adivinhar? É apenas uma palavra, mas ninguém vive sem ela. Vamos partilhar o que vocês estão pensando? (Pausa). Em um dia de intenso calor, o que você mais desejou? (Pausa). Tomar um copo d'água, ou tomar um banho gostoso para refrescar o corpo? O que é a água?

Vocês conhecem na Bíblia alguma história que fala sobre a abundância da água? Quando a água é demais o que acontece? (Pausa). Inundação. Quem morre nas inundações? (Pausa). Pessoas, animais, plantas. Água em excesso e por longo tempo acaba com a vida e, no entanto, a água em equilíbrio gera vida, não é? (Pausa). Como se chama esta narrativa na Bíblia? (Pausa). O dilúvio! Quem sabe contar a história do dilúvio? (Pausa).

1) Sensibilização

A educadora ou o educador prepara um recipiente de vidro com água, para que todas as crianças possam enxergá-la e partilhar com elas: Para que serve a água? (Pausa). Qual a experiência que você ou alguém da família tem com água? Quais situações com água são motivo de medo, ameaça, perigo? (Pausa).

Músicas: "Águas de Março"[1]; "Chove chuva"[2] ou outra à escolha.

---

[1] JOBIM, Tom. *Millenium.* São Paulo: Sony Music, 1998. CD. Faixa: 12.

[2] BEN JOR, Jorge. *Que maravilha - Grandes sucessos.* Rio de Janeiro: Globo Polydor, 1993. CD. Faixa: 09.

Visão de um povo sobre as origens da vida

2) Diálogo interativo

A educadora ou o educador motiva a participação das crianças para o diálogo interativo sobre a água. Este compreende três passos: o primeiro é sobre a tomada de consciência do texto bíblico que será trabalhado no encontro. Ele pode ser lido por alguém em voz alta, com uma entonação que suscite atenção e desejo de saber o que segue. Ou pode ser lido de forma dialogada, em dois grupos, ou segundo os personagens que aparecem no texto. Ou, ainda, por meio de uma encenação. O segundo passo é o levantamento das questões e o terceiro passo é o debate sobre as questões.

a) Leitura do texto bíblico em forma dialogada: Gn 6,5–9,17

A educadora ou o educador pode ler a narrativa completa do dilúvio desde o Gn 6,5–9,17. Nessa leitura dialogada foram selecionados versículos que sintetizam os quatro capítulos que falam sobre o dilúvio, *sem se ater ao texto literal*. Será importante que ele seja lido antecipadamente e por completo pela educadora ou o educador para ficar inteirada/o de todos os seus detalhes.

Narrador/a I: [6,5]O Senhor viu que a maldade do homem era grande sobre a terra, e que era continuamente mau todo o seu coração. [6]O Senhor arrependeu-se de ter feito o homem sobre a terra, e afligiu-se seu coração.

Deus: [7]E disse o Senhor: "Farei desaparecer da superfície do solo os homens que criei, e com os homens os animais, os répteis e as aves do céu, porque me arrependo de os ter feito"

Narrador/a II: [8-9] Mas Noé encontrou graça aos olhos do Senhor. Ele era um homem justo e íntegro entre seus contemporâneos, e andava com Deus.

Deus: [14]Faze uma arca de madeira resinosa; tu a farás de caniços e a calafetarás com betume por dentro e por fora. [17]Quanto a mim, vou enviar o dilúvio, as águas, sobre a terra, para exterminar de debaixo do céu toda a carne que tiver sopro de vida: tudo o que há na terra deve perecer. Mas estabelecerei minha aliança contigo e entrarás na arca, tu e teus filhos, tua mulher e as mulheres de teus filhos contigo... [22]Noé assim fez; tudo o que Deus lhe ordenara, ele o fez.

Narrador/a: [7,1]O Senhor disse a Noé:

Deus: "Entra na arca, tu e toda a família, porque és o único justo que veio diante de mim no meio desta geração. [2] De todos os animais puros, tomarás sete pares, o macho e sua fêmea; dos animais que não são puros, tomarás um casal, o macho e sua fêmea...[16]O Senhor Deus fechou a porta por fora!

Narrador/a I: [17]Durante quarenta dias houve dilúvio sobre a terra: cresceram as águas e ergueram a arca, que ficou elevada acima da terra. [18]As águas cresceram muito sobre a terra e a arca flutuava sobre as águas. [19]As águas cobriram as montanhas.

Narrador/a II: [22]Morreu tudo o que tinha um sopro vida sobre a terra: desde o homem, até os animais, os répteis e as aves do céu. [23]Eles foram extintos da terra, os répteis e as águas do céu: ficou somente Noé e os que estavam com ele na arca.

Deus: [8,1]Deus lembrou-se de Noé, e de todos os animais que estavam com ele na arca. Deus fez baixar um vento sobre a terra, e as águas baixaram.

Noé: [6]No fim de 40 dias Noé abriu a janela que fizera na arca [7]e soltou o corvo, que foi e voltou, esperando que as águas secassem sobre a terra. [8-11]Depois de sete dias soltou uma pomba e não encontrando um lugar para pousar, voltou. Esperou mais sete dias e soltou outra pomba que voltou com um ramo verde no seu bico. [12]Depois de mais sete dias soltou outra pomba que não mais voltou.

Deus: [15]Deus falou a Noé: [16]sai da arca, tu, a mulher, os filhos e as noras com os animais. E eles saíram. [20]Noé construiu

Visão de um povo sobre as origens da vida

um altar e ofereceu um sacrifício a Deus de agradável odor. E Deus prometeu que nunca mais destruiria a terra por causa da maldade humana.

b) Levantamento de questões

A educadora ou o educador dialoga com as crianças sobre a narrativa do dilúvio. Pergunta: alguém gostaria de contar em resumo a história do dilúvio? Se você fosse recontar a história do dilúvio, o que você acha que não poderia faltar no reconto? (Pausa).

Questões para a melhor compreensão do texto bíblico

O que mais chama a sua atenção na história do dilúvio?

Por que aconteceu o dilúvio, segundo a Bíblia? (6,5)

Quem entrou na arca com Noé? (7,1-16)

Quem fechou a porta da arca antes de iniciar o dilúvio? (7,16)

Quantas aves Noé enviou depois de terminarem as chuvas? (Pausa). Um corvo (Gn 8,7), três pombos (8,8-12)

O que aconteceu com o último pombo? (8,12)

Qual foi o primeiro gesto que fez Noé ao sair da arca? (8,20)

Questões relacionadas à interpretação do texto bíblico

O que significa a palavra dilúvio?

Quando é que a água prejudica a vida?

O dilúvio é um acontecimento bom ou ruim? Por quê?

Vocês acham que esta inundação de água aconteceu em toda a terra?

Por que será que o autor bíblico disse que Deus se arrependeu de ter criado o homem?

Será que Deus é como nós que se arrepende, por ter feito alguma coisa que não foi boa? Ou é o autor bíblico que o interpreta assim?

Será que Deus muda de ideia como nós? (Pausa para as crianças falarem).

Do que Deus se agradou em Noé? (Pausa).

Por que Deus salvou só a família Noé?

Questões relacionadas à atualidade para inspirar uma prática cristã

Quando nós não fazemos bom uso da água?

Em quais regiões do nosso país têm pouca água?

A água pode chegar a faltar um dia?

Propor uma pesquisa sobre a questão da água no mundo e no Brasil.

Quais são os fatores externos que mais prejudicam as fontes de água?

Como fazer para cultivar e preservar a água em nosso país? Na nossa casa?

A água é essencial para a vida do planeta terra. Em que eu posso contribuir para melhorar o bom uso da água? Como economizar?

No culto e nas celebrações de sua Igreja se faz uso da água? Em caso afirmativo, em qual momento?

c) Debate sobre as questões

A educadora ou o educador convida as crianças a debaterem sobre as perguntas que elas formularam ao autor do texto. Tem a vez para falar a criança que estiver com o dado em mãos e ela o passará adiante quando outra criança desejar participar da resposta, mediante o levante da mão. É importante que todas as crianças tenham oportunidade de participar. Não há certo ou errado; o importante é que a criança se expresse e pouco a pouco vá formulando a sua visão no confronto com as demais.

3) Espaço para criar

Desenvolvimento das atividades

Neste espaço a educadora ou o educador é convidado a motivar as crianças para participarem de duas atividades que lhes são propostas: as águas que geram vida e as águas que provocam a morte.

Atividade I
Água da vida, Água da morte[3]

Objetivos

Demonstrar as mudanças que são provocadas pelo ser humano no processo hídrico;

Apresentar a importância da água potável para o consumo humano.

Material

Água;

Água sanitária (cloro);

Iodo (Se encontra nas drogarias);

3 copos transparentes ou vidro.

Preparação

Encher cada copo com um dos líquidos até a metade.

Desenvolvimento

Colocar um copo com água pura e outro com iodo em uma mesa que seja visível para todas as crianças;

Deixar o copo com água sanitária em um canto fácil de pegar;

Perguntar: O que a água transparente significa para vocês? E a água escura, o que significa? (Algumas crianças, dirão: água

---

[3] Inspirada na dinâmica "*Do copo com água suja*". Disponível em: <https://presentepravoce.wordpress.com/2016/10/10/dinamica-do-copo-com-agua-suja/>. Acesso em: 08 nov. 2019.

"Vou enviar o dilúvio sobre a terra" (Gn 6,17; 7,22)

transparente significa pureza, limpeza, entre outros. Ou também podem dizer que a água suja significa sujeira, poluição).

Perguntar-lhes o que acontece se virarmos a água escura dentro da água transparente. (Elas dirão que a água transparente ficará suja);

Colocar metade da água suja dentro da água transparente de forma que ela não fique mais transparente;

Conversar com as crianças sobre o ocorrido: a água que era transparente, pura e limpa ao se misturar com a água escura também se tornou suja e poluída. (Tente utilizar os mesmos termos usados pelas crianças para caracterizar cada água);

Pedir que elas observem bastante as duas águas. Quais fatos conhecidos por elas podem ser representados pela água que era limpa e agora está suja? (O rompimento de barragens em Minas Gerais que ocasionou a poluição de rios que eram utilizados para captação de água potável para o consumo da população);

Pegar o copo com a água sanitária e mostrar para as crianças;

Pedir para elas imaginarem que aquela água representa toda a água para a população do mundo;

Colocar metade da água sanitária dentro do copo da água suja com o iodo. O que vocês perceberam?

Derramar o restante da água sanitária dentro do copo com iodo. (Ao entrar em contato com a água sanitária o iodo ficará transparente).

Refletir com as crianças que, apesar de a água ter ficado transparente, ela ainda não poderá ser ingerida, pois não está própria para consumo, porque ainda está com produto químico.

Assim são as águas que estão contaminadas; elas não ficarão limpas rapidamente; elas precisam de tempo, para se purificarem, o que pode levar muitos anos. Mas, se não iniciarmos a

Visão de um povo sobre as origens da vida

conscientização hoje e pararmos de poluí-las, elas nunca conseguirão se restabelecer.

Refletir sobre o que aconteceria se nos ajuntássemos no mesmo propósito de cuidarmos dos nossos rios, lagos, mares e oceanos. (Seria interessante elas dizerem que a água voltaria a ficar limpa e pura para o consumo).

Avaliação

De quem é a responsabilidade de manter limpas as águas das fontes, dos rios, dos lagos, dos mares e dos oceanos?

O que deve ser feito e o que nós podemos fazer para não poluir a água?

O que aprendemos com esta atividade?

Atividade II:
Água é Vida[4]

A educadora ou o educador convida as crianças a prestarem bastante atenção para o importante tema sobre a água. Nós acabamos de refletir sobre a quantidade de água que existe no planeta terra. Qual é a quantidade de água disponível para o consumo humano? (Pausa). A gente vive sem água? Então é preciso ter cuidado com a água, ela é uma pérola preciosa!

Objetivos

Criar consciência da situação da água no planeta Terra;

Despertar o cuidado para com os recursos hídricos de que dispõe o planeta Terra;

Dialogar sobre formas concretas de como economizar água.

---

[4] Baseada na dinâmica "Água é vida". Disponível em: <https://nova-escola-producao.s3.amazonaws.com/STBVzAsRveqTZa5DfFuRdcWjzVHWk5xT4ctmfnbCqbrANVuQtKUZcDG7syBB/blog-sustentabilidade--dinamica-agua-e-vida.pdf>. Acesso em: 10 nov. 2019.

Materiais necessários

Garrafa plástica de 2 litros cheia de água, com tampa;

Um copo de 200 ml;

Um copo de 50 ml;

Algumas miniaturas de animais, plantas e pessoas, exemplares de objetos do cotidiano (escova de dente, chuveiro, torneira, etc.) que demonstrem claramente a dependência da água (se não encontrar miniaturas utilize imagens);

Cartolina na cor azul;

Tesoura;

Cola.

Preparação

Recortar a cartolina em forma de gotas;

Escrever em uma quantidade de gotas recortadas, descrições de diferentes formas da água (geleiras, mares, rios, oceanos, cachoeiras, lagos, brejos, nuvens, águas subterrâneas, entre outros);

Escrever nas demais gotas as formas de uso da água (escovar os dentes, beber, cozinhar, irrigar a horta, lavar a louça, matar a sede dos animais, entre outros).

Desenvolvimento

A educadora ou o educador é convidada/o a apresentar os diversos tipos de água que existem no planeta Terra, seguindo os passos abaixo:

Colocará todos os materiais de forma bem visível sobre uma mesa;

Distribuirá as gotas recortadas entre as crianças;

Pedirá às crianças para imaginarem que toda água do planeta Terra foi colocada na garrafa pet de dois litros;

Dialogará com as crianças: Que tipo de água é esta? Salgada? Doce? Quais são os locais onde as encontramos? (Com a ajuda das descrições nas gotas, as crianças vão respondendo às perguntas);

Perguntará quanto da água dos dois litros representa a água doce? Só 10% equivalem a 200ml;

Separará a água doce da água salgada, passando da garrafa para o copo de 200ml que é a representação da água doce do planeta (Lembrará que a maior parte desse líquido é constituída pela água salgada dos mares e oceanos);

Pedirá às crianças para colocarem em volta do copo de 200ml as gotas com os nomes correspondentes às águas doces;

(Perguntará às crianças qual é a porcentagem dos dois litros, de água doce que existem no planeta? Só 10% equivalem a um copo de 200ml de água).

Refletirá com as crianças sobre os lugares onde encontramos cada tipo de água doce, incluindo os diferentes locais como: rios, cachoeiras, lagos, geleiras, lençóis subterrâneos, brejos e vapor de água;

Comentará que alguns destes locais são de difíceis acessos;

Pedirá que as crianças deem exemplos dos lugares de difícil acesso: geleiras, as águas subterrâneas, atmosfera, nuvens etc;

Separará a representação da água doce dos locais de fácil acesso: rios, lagos e cachoeiras e das águas doces de difícil acesso: geleiras, lençóis freáticos, e atmosfera, passando do copo de 200 ml de quantidade de água para um copo de 50ml;

Pedirá às crianças para colocarem em volta do copo de 50ml as gotas com os nomes correspondentes às águas doces de fácil acesso (rios, lagos, cachoeiras, córregos, entre outros);

Perguntará às crianças se toda a água doce disponível que está representada no copo de 50ml é boa para beber. (Pausa);

"Vou enviar o dilúvio sobre a terra" (Gn 6,17; 7,22)

Constatará que boa parte dela já está poluída ou contaminada, a educadora ou o educador separará a água doce potável da poluída, passando do copo de 50ml para a tampa da garrafa, que representará a água potável do planeta;

Após essa representação, convidar as crianças a observarem as proporções da água desde a garrafa de dois litros até a tampa;

Usará agora as miniaturas ou imagens trazidas pelas crianças de acordo com as várias condições de uso da água como: cozinhar, beber, molhar plantas, uso dos animais.

Refletirá com as crianças que, de toda a água do planeta, somente uma mínima parte representada pela tampa é adequada para o consumo humano.

Avaliação

O que você achou mais importante nesta atividade?

O que acrescentou para a sua vida?

4) Momento celebrativo

A educadora ou o educador convida as crianças para trazerem à memória as experiências que viveram durante o encontro sobre o dilúvio, que envolve a questão da água: quando excessiva é prejudicial e provoca a morte; e quando na normalidade ela gera vida.

a) Releitura do texto bíblico

Desde que o ser humano surgiu sobre a terra, cresceu e evoluiu, tudo começou a se transformar. Se a transformação gerou benefícios, por outro lado, gerou muito lixo para cá, guerras ali, violência, corrupção e ganância por aqui. Muitas pessoas tinham como lema de vida: "cada um por si e Deus por todos"!

Visão de um povo sobre as origens da vida

A natureza e todas as coisas criadas estavam gritando por socorro ao Criador, porque no último século ela já não estava conseguindo manter seu equilíbrio em seus recursos naturais, no ar, na terra, na temperatura, no clima, no mar e nas águas. Se as forças da natureza causavam destruições, a ação do ser humano sobre ela, nestes últimos tempos, causavam destruições ainda maiores e piores. Tudo estava sendo destruído, caçado, aniquilado, desmatado, queimado, esfumaçado, mudado, perfurado, explodido, poluído, envenenado, alterado...

Mas Noé da Silva encontrou graça diante do Criador. Além de se preocupar com sua família e com sua comunidade, Noé tinha consciência da importância da Ecologia e da Natureza. Ele tentava melhorar a vida do planeta com atitudes simples: plantava árvores, reciclava o lixo, reaproveitava os alimentos, gastava menos tempo no chuveiro, recolhia água da chuva, lavava a calçada com água no balde e não com a mangueira...

O Criador disse a Noé: Vai, reúne sua família e construa uma "casa" que respeite os princípios de convivência, da ecologia e da natureza. Essa "casa" terá um "alicerce forte", para suportar tremores. Flutuará e ficará acima das "adversidades". Ela não será construída perto dos leitos dos rios, nem nas encostas dos morros ou montanhas. Seu telhado será feito com caixinhas de leite recicladas. Sua energia será adquirida pelo sol... E assim o Criador foi dando dicas para que a "casa" fosse construída. Eis que a Natureza se manifestaria com todo o seu poder. E assim aconteceu: enchentes, dilúvios, furacões, ciclones extratropicais, terremotos, maremotos, tsunamis. Os seres humanos ficaram tão indefesos, diante de tanta água e dos fenômenos "naturais", que morreram. Mas a família de Noé conseguiu sobreviver, porque sua "casa" os protegia.

O Criador ficou triste em ver tanta morte e destruição, que resolveu estabelecer um "novo equilíbrio" no planeta, e fazer uma aliança com Noé da Silva. Disse: "O ser humano não pode evitar que os fatores naturais aconteçam, mas cada um pode contribuir para que os mesmos possam ser amenizados".

Noé, lido ao contrário, Éon (em grego), significa "era" ou "força vital". Além da coincidência, significa que está em nossas mãos a força vital para proteger ou salvar o nosso pequeno planeta. Tomara que o ser humano não se antecipe à natureza e destrua, ele próprio, a sua "casa" ou morada universal!

b) Atitude de vida

A educadora ou o educador convida as crianças a escolherem uma atitude concreta de como contribuir para criar uma nova relação de respeito e de amor para com a natureza, a vida, as pessoas. A atitude envolve uma exigência de mudança de atitudes em relação às práticas.

c) Interiorização

Neste terceiro passo a interiorização é um convite a rezar, a solidificar, a decisão tomada em busca de uma prática mais coerente em relação ao bom uso da água e do respeito à natureza. A criar consciência sob a responsabilidade de usufruir o dom da água.

7º Tema:

"Estabeleço minha aliança convosco... Eis o sinal da aliança... Os filhos de Noé, que saíram da arca: Sem, Cam, Jafé" (Gn 9,11.18)

A educadora ou o educador da fé saúda as crianças e acolhe cada uma, dando-lhes as boas-vindas para um novo encontro.

Pergunta sobre o tema que foi trabalhado no encontro anterior e o que se lembram dele. Como terminou o dilúvio? (Pausa). Hoje vamos falar sobre o *novo começo*, a nova aliança, depois do dilúvio.

1) Sensibilização

Agora vocês vão colocar a imaginação para funcionar. O pai ou a mãe ou mesmo a professora, quando nos corrigem ou dão uma chamada de atenção, é porque eles não nos amam? Por que eles querem o nosso crescimento? Querem que sejamos pessoas melhores? Então vocês vão *imaginar e escrever* numa folha o que Deus fez para Noé e sua família, depois dessa grande correção com o dilúvio.

Com um fundo musical, ajudar as crianças a se concentrarem para escreverem a sua história. Depois de concluírem, recolher todas para ler e compartilhar no momento celebrativo.

2) Diálogo interativo

A educadora ou o educador lembra as crianças: Para que serve o dado? O que acontece com quem está com ele? Esta pessoa

Visão de um povo sobre as origens da vida

pode falar. E, ao terminar sua fala, ela passará o dado a quem está levantando a mão. Convido vocês a prestarem bastante atenção na leitura do texto bíblico. Vamos conhecer o que Deus fez com Noé e sua família depois do dilúvio. Será que é parecido com o que vocês escreveram? Vamos ler o texto para conhecermos um pouco mais o coração misericordioso de Deus com eles.

Decidir com eles como vai ser feita a leitura: Pelos personagens bíblicos? Por versículo alternado em dois coros? Se for de forma dialogada, distribuir os papéis.

a) Leitura do texto bíblico em forma dialogada: Gn 9,1-17

Narrador/a I: [9,1]Deus abençoou Noé e seus filhos e lhes disse:

Deus: "Sede fecundos, multiplicai-vos, enchei a terra. [2]Sede o medo e o pavor de todos os animais da terra e de todas as aves do céu, como de tudo que se move na terra e de todos os peixes do mar: eles são entregues nas vossas mãos. [3]Tudo o que se move e possui vida vos servirá de alimento, tudo isso eu vos dou, como vos dei a verdura das plantas.

Narrador/a II: [4]Mas não comereis a carne com sua alma, isto é, o sangue. [5]Pedirei contas, porém, do sangue de cada um de vós. Pedirei contas a todos os animais e ao homem, aos homens entre si, eu pedirei contas da alma do homem. [6]Quem derrama o sangue do homem, pelo homem terá seu sangue derramado. Pois à imagem de Deus o homem foi feito. [7]Quanto a vós, sede fecundos, multiplicai-vos, povoai a terra e dominai-a".

Narrador/a: [8]Deus falou assim a Noé e a seus filhos:

Deus: [9]"Eis que estabeleço minha aliança convosco e com os seus descendentes depois de vós, [10]e com todos os seres animados que estão convosco: aves, animais, todas as feras, tudo o que saiu da arca convosco, todos os animais da terra. [11]Estabeleço a minha aliança convosco: tudo o que existe não será mais destruído pelas águas do dilúvio, não haverá mais dilúvio, para devastar a terra".

Narrador/a: [12]Disse Deus:

Deus: "Eis o sinal da aliança que instituo entre mim e vós e todos os seres vivos que estão convosco, para todas as gerações futuras: [13]porei meu arco na nuvem e ele se tornará o símbolo da aliança entre mim e a terra. [14]Quando eu reunir as nuvens sobre a terra e o arco aparecer na nuvem, [15]eu me lembrarei da aliança que há entre mim e vós todos os seres vivos: toda carne e as águas não se tornarão mais um dilúvio para destruir toda carne. [16]Quando o arco estiver na nuvem, eu o verei e me lembrarei da aliança eterna que há entre Deus e os seres vivos com toda carne que existe sobre a terra".

Narrador/a: Deus disse a Noé:

Deus: "Este é o sinal da aliança que estabeleço entre mim e toda a carne que existe sobre a terra".

b) Levantamento de questões

A educadora ou o educador ajuda as crianças a elaborarem as perguntas, despertando nelas, antes de tudo, um olhar atento sobre o texto, sobre alguma palavra que não entenderem, e liberar a imaginação para perguntas.

Questões relacionadas à compreensão do texto

Vocês entenderam o texto?

O que chamou mais a sua atenção na leitura?

Qual foi a bênção que Deus deu a Noé e à sua família? (v. 1)

Por que o homem não pode matar outro homem? (v. 6)

Qual foi a ordem que Deus deu ao ser humano? (v. 7)

O que é uma aliança? E uma aliança com Deus? (Pausa). É um pacto, um compromisso sério!

Qual é a Aliança que Deus fez com Noé? (v. 11)

Qual é o sinal desta Aliança? (v. 12-13). Você já viu um arco-íris? (Pausa). Quando é que ele aparece? (Pausa). Ele é um sinal alegre? (Pausa). Você gosta dele? (Pausa). Todas as pessoas podem enxergá-lo? (Pausa).

Por que será que Deus escolheu o arco-íris como símbolo da Aliança? (Pausa).

Questões relacionados à interpretação do texto

A bênção que Deus deu a Noé e a seus filhos é a de serem fecundos, gerar filhos e filhas? Por que esta bênção é importante? (Pausa).

Para que Deus abençoa também os animais, as aves, os peixes? (v. 3)

Para que Deus estabeleceu uma Aliança com o ser humano? (v.11)

Qual é o arco que Deus oferece como sinal da aliança: O arco da guerra? O arco e a flecha?

Que arco é esse que Deus pendurou nas nuvens?

Questões atuais sobre o tema para iluminar a nossa prática cristã

O que significa quando você faz um trato, um pacto com o seus colegas?

Como você sabe que o pacto existe e continua?

Quando Deus fez sua Aliança com Noé disse-lhe: "multiplicai-vos". Cada filho/filha que nascia a Noé e sua esposa é uma renovação dessa Aliança. Quando você foi gerado/gerada o que Deus fez?

Deus fez uma Aliança com você; qual é o sinal desta Aliança?

Você considera esta Aliança uma bênção de Deus?

Para quem a sua vida é uma bênção? Para você? Para a família? Para a sociedade?

Como você acha que devia viver para estar sempre em Aliança com Deus?

c) Debate sobre as questões

A educadora ou o educador estimula e orienta as crianças a elaborarem suas perguntas ao texto, para iniciar o debate. Este sempre começará com as perguntas feitas pelas crianças. Se houver necessidade pode servir-se das perguntas já elaboradas para ajudá-las, mas não para substituí-las. As perguntas que seguem vão na linha da compreensão do texto, na linha da interpretação do texto e por último sobre a atualidade do tema, para iluminarem a nossa vida pela palavra de Deus. Caso as perguntas sejam usadas, ler os versículos indicados a cada pergunta para ajudar nas respostas.

3) Espaço para criar

A educadora ou o educador motiva as crianças a participarem das atividades. Deus renova a Aliança com o povo por meio de Noé. Como na primeira criação, também aqui depois do dilúvio, Deus lhes disse: "Sede fecundos, multiplicai-vos, enchei a terra" (Gn 9,1). E Deus lhe deu o sinal do arco-íris para lembrar da Aliança que fez com todo o povo por meio de Noé.

Atividades I

O Arco-Íris, sinal da Aliança de Deus com Noé

Objetivos

Suscitar o interesse em conhecer a história de Noé;

Incentivar o cultivo de sentimentos que favoreçam a construção de alianças para o bem.

Materiais

Papéis coloridos nas cores do arco-íris: amarelo, azul, verde, laranja, vermelho e roxo;

Fita crepe;

Livro ou texto que fale sobre sentimento.[5]

CD Player (opcional).

Preparação

Corte os papéis coloridos em tiras ou em pequenos quadrados, ou retângulos.

Desenvolvimento

Colocar as crianças sentadas em círculo e os papéis com as cores espalhadas no centro.

Pedir que cada criança pegue um papel de cada cor;

Dar a cada uma pedaços de fita adesiva para que coloquem atrás de cada papel de forma que possam ser pregadas;

Ler com elas um desses três livros indicados (na nota 5 de pé de página), ou um texto que fale sobre os sentimentos;

Refletir com elas sobre os sentimentos descritos no livro ou texto e se elas lembram de outros que não foram citados. Quais são?

Pedir que cada criança escolha um sentimento para cada cor dos papéis. (Exemplo: Verde - segurança; Azul - serenidade; Amarelo - prosperidade; Vermelho - amor; Laranja - disposição; Roxo - mudanças);

Pedir que elas andem em silêncio pelo ambiente com os papéis em mãos;

Colocar uma música tranquila enquanto elas caminham pelo ambiente;

---

[5] Indicações: HOFFMANN M., ASQUITH R. *O grande livro das emoções*. São Paulo: Paulinas, 2013; EICH, C. *Quem você trouxe*. São Paulo: Paulinas, 2019; DUGNANI, Patrício. *Beleléu e as cores*. São Paulo: Paulinas, 2019.

Pedir que elas colem um papel na blusa da/o colega, de acordo com a cor e sentimento que escolheu e que acredita que representa o colega de alguma forma;

Depois que as crianças tiverem colado todos os papéis, pedir que elas se assentem novamente em círculo;

Cada uma pega o papel que foi colocado em sua blusa e associa a cor com o sentimento que ela mesma havia definido;

Pedir para discutirem um pouco sobre isso. Nem sempre o sentimento que a cor representa para mim é o mesmo para o outro;

É importante que a educadora ou o educador deixe as crianças se expressarem, ajudando-as a manter o respeito e a disciplina;

Após refletirem e partilharem, todas juntas montarão um arco-íris no chão, utilizando os papéis cortados.

Dar-se conta de que dentro de cada um de nós existe uma mistura de todos os sentimentos; às vezes, alguns ficam mais evidentes, como raiva, alegria, amizade, carinho, compaixão, e outros são menos visíveis; com o arco-íris montado no centro, indicará uma junção de todas as cores em uma só.

Avaliação

Como você se sentiu ao fazer esta atividade?

Você gostou? Você mudaria alguma coisa?

Atividade II
Cores da vida

Objetivos

Dar-se conta dos sentimentos que cultivamos com maior frequência;

Construir a Aliança para o bem com a colaboração de todas as pessoas.

Materiais

Giz de cera ou lápis de colorir;

Papel sulfite A4;

CD Player.

Desenvolvimento

Formar dois subgrupos com 5 a 6 componentes em cada grupo;

Convidar os subgrupos a se assentar em dois círculos, ao som de uma música suave;

Colocar no centro de cada subgrupo um giz de cera para cada integrante, sem repetir as cores;

Dar a cada participante uma folha sulfite A4;

Pedir que cada criança pegue um dos gizes de cera que estão no centro;

Pedir para pensarem em algo que queiram desenhar, que expresse uma situação ou uma ideia;

Ao som da música, cada um iniciará o seu desenho;

Ao comando da educadora ou do educador, cada participante passa o desenho para quem estiver à sua direita (cada uma deverá ficar com o giz de cera, com o qual iniciou o desenho);

Ao receber o desenho da pessoa da sua esquerda (sem mudar a cor do seu giz de cera), deverá observar o desenho que recebeu e completá-lo com a situação ou a ideia iniciada pela/o colega;

Prosseguir a atividade até que o seu papel volte às suas mãos;

Pedir que todas/os se assentem novamente em um único círculo;

Pedir que cada um analise como ficou seu desenho.

Avaliação

O desenho final ficou como você imaginou ao iniciá-lo?

A cor usada pela/o sua/seu colega foi importante para o seu desenho?

Na vida estamos abertos a receber de outra pessoa a ajuda necessária para resolver uma situação, ou desenvolver uma ideia?

4) Momento celebrativo

A educadora ou o educador convida as crianças a fazerem a sua síntese sobre a partilha feita no grupo e subgrupos. Em lugar da releitura do texto bíblico que já foi feita no estudo do primeiro tema, a aliança é exatamente o que fizemos com o nosso desenho, cada pessoa realiza a sua parte na sociedade, na família, na vida de cada pessoa e deste modo a aliança se realiza. Quanto mais vivermos em aliança, mais alegria temos, mais glorificamos a Deus.

a) Releitura do texto bíblico

A educadora ou o educador convida as crianças a sentarem-se em círculo para que cada uma possa ler a história que escreveu.

b) Atitude de vida

A atitude de vida é um convite à mudança de atitudes, para exercitar-se na prática dos apelos que a Palavra nos faz em relação ao nosso país, à nossa cidade, ao nosso bairro, à minha família?

O que aconteceu que trouxe muita alegria, mais união e melhorias na vida das pessoas?

c) Interiorização

Proposta: rezar o conteúdo refletido, vivenciado.

9.
Línguas diferentes:
a torre de Babel (Gn 11,1-9)

Vários temas se mesclam nesta narrativa: uma etiologia para explicar a existência da multiplicidade de línguas diferentes; a rebelião dos titãs na tentativa de escalar os céus; severa crítica à política usada pelos impérios de então. Ela retrata, na verdade, o mal-estar que a sociedade do seu tempo vive, está mal-humorada, sente a ameaça dos impérios ao seu redor e está sofrendo por isso. É a experiência dos que se sentem oprimidos pelos poderosos, por uma cultura e uma civilização que para chegar ao seu auge precisa pisar sobre a base que a sustenta.

A torre "do assalto humano" aos céus é identificada neste texto com a torre que representa as construções em forma quadrada, que foi elevada em degraus, as *zigurates* ou pirâmides sagradas, em cujo topo ficava a divindade. Com esta construção o desejo era alcançar o céu. Contudo, o ser humano não consegue satisfazer o seu desejo, e Deus precisa descer para ver. A tentativa da subida dos homens acaba em queda; a concentração para alcançar o mesmo intento acaba em dispersão, e o nome famoso da Babilônia transformou-se em Babel, ou seja, confusão.

O sentido do nome *Babel*, na língua acádica, é *"porta do deus El"*. O redator conhece este nome, mas ele o deforma, fazendo com ele um jogo de palavras com *balal*, que significa "misturar".[1] Na verdade, o autor bíblico integrou a lenda da *"Torre de Babel"* para explicar a confusão das línguas, que se opõem vigorosamente à fé

---

[1] MONLOUBOU L; DE BUIT F.M. Babele (Torre di) in: *Dizionario Bíblico Storico/Critico*. Roma: Borla, 1987, p. 137-138.

israelita na unidade do gênero humano. É, de fato, uma crítica, não tão explícita ao império dos babilônios pela confusão das línguas, pela dispersão dos povos, pela destruição de Israel em 587/6 a.E.C. Na etimologia popular hebraica, Babilônia é conhecida como "*Le Méli-Mélo*" que significa desordem, e "*Le Pêle-Mêle*", confusão.

A Babilônia, para exercer este domínio, não se serve apenas da língua, mas também do conhecimento e da tecnologia, utilizando-se de tijolos e da argila, ciência e técnica muito refinadas na época. Estas são boas em si, quando são colocadas a serviço do bem. Mas para realizar o próprio intento, necessitando de escravos e, ao mesmo tempo, querendo a felicidade, a realização, este povo conta só com a própria capacidade e as próprias forças. Será possível chegar a Deus, sem Deus?

Olhando para as grandes e imponentes construções egípcias e babilônicas, o autor bíblico sente, por um lado, o medo e a angústia humana de cair no vazio, no esquecimento, sem nada deixar de imorredouro para este mundo. Por outro lado, revela a grande ambição dos poderosos em querer alcançar a todo custo a imortalidade, superando o tempo e o espaço, querendo chegar aos céus, marcar a história. Mas os seus sonhos ruíram.

O Senhor, ao descer, viu a cidade e a torre que os homens poderosos estavam construindo, com o desejo de que essa penetrasse os céus. Nas suas palavras o autor coloca na boca de Deus: "*Eis que todos constituem um só povo e falam uma só língua. Isso é o começo de suas iniciativas! Agora nenhum desígnio será irrealizável para eles*" (Gn 11,6). Deus põe um limite às pretensões humanas: "*Vinde! Desçamos! Confunda-mos a sua linguagem para que não mais se entendam uns aos outros*" (Gn 11,7).

A confusão das línguas é explicada pela mais profunda tentação do ser humano, a de tornar-se como Deus, não aceitando a sua condição de criaturas finitas e mortais. A leitura que o autor faz é de que as línguas se multiplicaram como castigo de Deus para que os seres humanos não se entendessem entre si nos seus intentos soberbos.

Como consequência, o ser humano, nos grandes centros urbanos, torna-se duplamente vítima da própria ambição individual e social, e do desejo de um domínio imperialista e explorador, e impérios sobre os dominados. O que o autor insinua é a necessidade de encontrar outras alternativas para marcar sua passagem por este mundo, que não seja pela competição, a ganância do ter, do poder, da fama, da projeção social, como se até Deus fosse um concorrente a ser derrubado.

O próprio Deus confunde a ambição humana pelas imagens que o autor encontrou na narrativa da Torre de Babel, para traduzir verdades profundas para o ser humano de todos os tempos. Deus criou o cosmos/universo para a felicidade de todos; quer que a sua obra criadora seja fonte de vida e sustento para todos, numa convivência solidária, igualitária, respeitosa e fraterna.

No sonho de Jacó "Eis que uma escada se erguia sobre a terra e o seu topo atingia o céu, os anjos de Deus desciam e subiam por ela" (Gn 28,12), está refletida nesta ideia mesopotâmica, simbolizada por estas torres construídas em estágios: os *zigurates*. Os construtores da Torre de Babel queriam adentrar o céu, e esta imagem evoca a lembrança do sonho de Jacó (Gn 28,10-21) em Betel, em cujo sonho os anjos desciam e subiam a enorme escada que ligava o céu com a terra.

Na interpretação dos Padres da Igreja, seguindo Filôn de Alexandria, eles viram na escada de Jacó a imagem da Providência divina que se comunica com os humanos que vivem na terra, por meio do ministério dos anjos. Para outros era uma prefiguração da encarnação do Verbo, Jesus Cristo, ponte lançada entre o céu e a terra. Abriu as portas do céu para a humanidade.

Esta narrativa da Torre de Babel evoca, ainda, a festa de Pentecostes (At 2), que é o avesso da experiência vivida em Gn 11. Pentecostes revela que, pela ressurreição de Jesus, o Espírito Santo foi comunicado aos discípulos e à Igreja, unificando, mesmo na diversidade de línguas, a ação maravilhosa de Deus. A unidade do ser humano é restabelecida no Pentecostes e Babel é restaurada.

Concluindo

A narrativa da Torre de Babel revela a inconformidade do ser humano de não ser onipotente, ilimitado e imortal. Em suma, a condição de ser criatura com limites e convidado a respeitar o espaço vital próprio, do outro, de Deus e da natureza. É, no fundo, a mesma questão já colocada em Gênesis 2,4b–3,24.

A narrativa é atribuída ao grupo javista, a partir do século X do tempo de Salomão em diante e retrata o projeto dos poderosos de então que dominavam o oriente e parte do ocidente. Eles sim têm grande dificuldade de viver na dependência do Criador, e têm dificuldade de aceitarem sua condição de criaturas. Quem sofre são os subalternos, os pequenos que estão a seu serviço e pagam o preço de sua prepotência.

Esta narrativa busca explicar a multiplicidade de línguas, e o dominador impõe a própria língua aos povos dominados; a árdua tarefa de realizar os seus projetos "faraônicos", de querer chegar ao céu e prescindir de Deus. Diz um salmo: *"Se o Senhor não constrói a casa, em vão labutam os construtores; se o Senhor não guarda a cidade, em vão vigiam os guardas. É inútil que madrugueis, e que atraseis o vosso deitar para comer o pão com duros trabalhos: ao seu amado ele dá enquanto dorme"* (Sl 127,1-2).

8º Tema:

"Todo o mundo se servia de uma mesma língua" (Gn 11,1)

A educadora ou o educador da fé acolhe as crianças com as boas-vindas e um abraço. Quando todas chegarem, convidá-las a se saudarem e se darem o abraço de acolhida. Vamos fazer memória do encontro passado: do que vocês lembram? (Pausa). O que vocês aprenderam naquele encontro? (Pausa).

1) Sensibilização

A educadora ou o educador da fé motiva as crianças para o tema da diversidade de povos e línguas. Quem de vocês fala outra língua que não seja o português, como por exemplo: espanhol, inglês, alemão ou outras? (Pausa). Alguém de vocês já escutou um japonês falar na sua língua? (Pausa). Você entendeu alguma coisa? Qual foi a sua reação? (Pausa).Hoje nós vamos refletir sobre a Torre de Babel, onde se fala da confusão das línguas. Antes de começarmos a trabalhar sobre o tema, vamos cantar uma música.

Música: "Torre de Babel" do Pe. Zezinho,[1] ou outra à escolha.

2) Diálogo interativo

A educadora ou o educador da fé convida as crianças a escutarem com atenção a narrativa da Torre de Babel. Algum/a de

---

[1] OLIVEIRA, José Fernandes de (Pe. Zezinho scj). *Qualquer coisa de novo.* São Paulo: Paulinas/COMEP, 2014. CD: Faixa: 08.

Visão de um povo sobre as origens da vida

vocês vai recontar para nós esta história com as suas palavras. No diálogo interativo, faz-se a leitura do texto bíblico, o levantamento das perguntas e o debate sobre as mesmas.

a) Leitura do texto bíblico de Gn 11,1-9: A Torre de Babel

A educadora ou o educador convida as crianças a lerem com muita atenção o texto da Torre de Babel. Divide o grupo em dois subgrupos: o primeiro lê os versículos ímpares e o segundo, os versículos pares. Ou todo mundo pode ler em silêncio, na sua Bíblia, a narrativa. Fechar a Bíblia e alguém começa a recontar a narrativa, que outras vão completando até o final.

[1]Todo o mundo se servia de uma mesma língua e das mesmas palavras.

[2]Como os homens emigrassem para o Oriente, encontraram um vale na terra de *Seenar* e aí se estabeleceram.

[3]Disseram um ao outro: "Vinde! Façamos tijolos e cozamo-los ao fogo". O tijolo lhes serviu de pedra e o betume de argamassa.

[4]Disseram: "Vinde! Construamos uma cidade e uma torre cujo ápice penetre os céus! Façamo-nos um nome e não sejamos dispersos sobre a face da terra!"

[5]Ora, o Senhor desceu para ver a cidade e a torre que os homens tinham construído.

[6]E o Senhor disse: "Eis que todos constituem um só povo e falam uma só língua. Isso é o começo de suas iniciativas! Agora, nenhum desígnio será irrealizável para eles.

[7]Vinde! Desçamos! Confundamos a sua linguagem, para que não mais se entendam uns aos outros".

[8]O Senhor os dispersou daí por toda a face da terra, e eles cessaram de construir a cidade.

⁹Deu-se-lhe por isso, o nome de Babel, pois foi aí que o Senhor confundiu a linguagem de todos os habitantes da terra e foi aí que os dispersou sobre toda a face da terra.

b) Levantamento de questões

A educadora ou o educador estimula as crianças a fazerem as perguntas ao autor sobre o texto bíblico e sobre as palavras que não entenderam. Se o grupo for grande, pode subdividi-lo em subgrupos.

Questões sobre o texto para a sua compreensão

O que é uma torre? Você sabe o que significa Babel?

Tem alguma palavra que você teve dificuldade de entender?

Onde fica *Seenar*? (Pausa). Na região central na Mesopotâmia.

Onde eles queriam chegar com essa torre?

O que aconteceu com os que estavam construindo a torre?

Por que não deu certo finalizar a construção dessa torre?

Quem interveio na construção ela?

Questões sobre a interpretação do texto

Houve algum tempo em que existia apenas uma língua sobre a terra?

Por que será que as pessoas queriam construir uma torre que alcançasse o céu?

Vocês acham que Deus, em pessoa, teria descido do céu para confundir os construtores da torre?

Por que Deus teria confundido os homens que construíam a torre?

O que o autor bíblico teria pensado olhando para essa Torre de Babel?

Quem são os que combinam: "Façamos tijolos e cozamo-los ao fogo"?

São os mesmos que combinam construir uma cidade e uma torre?

Onde esses homens queriam chegar com esta construção?

Por que será que o autor bíblico coloca na boca de Deus esta frase: "Eis que todos constituem um só povo, e falam uma só língua. Isso é o começo de suas iniciativas! Agora, nenhum de seus desígnios será irrealizável para eles. Vinde! Desçamos! Confundamos a sua linguagem, para que não se entendam entre eles".

Será que Deus estava com medo deles? Ou era um atrevimento dos homens em querer ocupar o mesmo lugar de Deus?

Qual é o ensinamento que o autor quis passar ao povo e aos leitores?

Questões atuais sobre a narrativa da Torre de Babel

Quem são os homens poderosos de hoje? Eles passam necessidade?

Quem frequenta as grandes construções atuais?

Todo mundo pode entrar no palácio da Alvorada? E nos bancos, quem pode entrar?

Qual é a maior construção na qual você já entrou?

Como você se sentiu nela?

Como são as pessoas que frequentam estas grandes construções?

Elas só sabem falar o idioma que o povo fala?

Quais são os assuntos que o povo normalmente conversa?

E quais são os assuntos dos poderosos?

c) Debate sobre as questões

A educadora ou o educador da fé estimula as crianças a participarem do debate sobre as perguntas, as dúvidas que elas mesmas elaboraram. Veja acima algumas sugestões de perguntas sobre a compreensão do texto, a sua interpretação e questões sobre a atualidade do texto para nós hoje. A prioridade recai sobre as perguntas elaboradas pelas crianças.

3) Espaço para criar

Desenvolvimento das Atividades

No Espaço para criar, a educadora ou o educador da fé motiva e convida as crianças a participarem do desenvolvimento de duas atividades que são propostas ao tema trabalhado no Diálogo Interativo. Pode criar outras atividades a partir do tema.

Atividade I:
Decifrando o idioma

Objetivo

Familiarizar-se de maneira lúdica com o texto da Torre de Babel;

Assimilar a narrativa da Torre de Babel.

Material

Papel sulfite ou kraft;

Tesoura;

Pincel ou canetinhas;

Caixa ou saquinho;

Espelho;

Lençóis ou tecidos maiores (se possível numa cor escura).

Preparação do Jogo

Imprimir o modelo ou escrever no papel sulfite ou kraft trechos do texto bíblico a ser trabalhado de forma espelhada (Como nos modelos abaixo).

Recortar as frases e colocá-las em uma caixa ou saquinho.

Em outro papel escrever a frase: *Vire sua mensagem para o espelho que ele irá decifrá-lo.*

Modelo: Gn 11,1-9: Torre de Babel

Todo o mundo se servia de uma mesma língua e das mesmas palavras.	E o Senhor disse: "Eis que todos constituem um só povo e falam uma só língua. Isso é o começo de suas iniciativas! Agora, nenhum desígnio será irrealizável para eles.
Como os homens emigrassem para o Oriente, encontraram um vale na terra de Senaar e aí se estabeleceram.	Vinde! Desçamos! Confundamos a sua linguagem, para que não mais se entendam uns aos outros."
Disseram um ao outro: "Vinde! Façamos tijolos e cozamo-los ao fogo". O tijolo lhes serviu de pedra e o betume de argamassa.	O Senhor os dispersou daí por toda a face da terra, e eles cessaram de construir a cidade.

"Todo o mundo se servia de uma mesma língua" (Gn 11,1)

Disseram: "Vinde! Construamos uma cidade e uma torre cujo ápice penetre os céus! Façamo-nos um nome e não sejamos dispersos sobre a face da terra!"

Deu-se-lhe, por isso, o nome de Babel, pois foi aí que o Senhor confundiu a linguagem de todos os habitantes da terra e foi aí que os dispersou sobre toda a face da terra.

Ora, o Senhor desceu para ver a cidade e a torre que os homens tinham construído.

Preparação do ambiente

Fazer uma cabana com as cadeiras e o lençol;

Colocar o espelho dentro da cabana de forma que as crianças não consigam ver o que está lá dentro;

Aproxime na frente do espelho o lado escrito da mensagem e veja o que acontece.

Participantes: cinco ou mais crianças.

Como jogar

Colocar as crianças sentadas em círculo;

Mostrar a caixinha ou saquinho e dizer que dentro têm várias frases, cada uma em uma forma diferente;

Deixar que cada criança pegue uma frase;

Perguntar se elas reconhecem a frase e se conseguem decifrar o que está escrito no papel;

Dar alguns minutos para que tentem decifrar;

Pedir que guarde segredo do que está escrito;

Após findado o tempo, perguntar quem conseguiu descobrir o idioma em que está escrito;

Agora, uma de cada vez, em silêncio, entrará na cabana; e lá dentro há algo de muito especial que irá ajudá-las/os a decifrar a mensagem;

Cada criança, ao entrar na cabana, retorna ao grupo em silêncio;

Depois de todos terem passado pelo processo, cada criança lerá em voz alta na Bíblia;

Dizer às crianças que todas as frases juntas formam um texto, e que agora em conjunto irão se organizar para ler o texto na ordem correta.

Ao identificarem a ordem, elas farão a leitura completa do texto bíblico.

Avaliação da experiência

O que vocês sentiram ao participar da atividade?

Foi difícil decifrar o que estava escrito?

Atividade II:
A Torre de Babel[2]

Objetivos

Oferecer às crianças a possibilidade de conhecer as diferentes línguas faladas ontem e hoje;

Possibilitar a reflexão sobre a prepotência e a dominação dos poderosos sobre os dominados.

---

[2] Baseada no jogo "*Torre Equilíbrio*", da marca Junges.

Materiais

Papel sulfite ou kraft;

Tesoura;

Cola;

Pincel ou canetinhas.

Preparação do Jogo

Imprimir ou desenhar no papel sulfite ou kraft o molde do retângulo a seguir do tamanho e na quantidade que desejar. (Sendo a quantidade um número múltiplo de 3, exemplo: 9, 15, 24, entre outros).

Recortar os moldes e montar os retângulos.

Imprimir as informações sobre cada idioma ou escrever em um papel.

Colar em cada retângulo informações de um idioma. (A seguir seguem orientações com informações de 24 idiomas para ajudar.)

Se desejar, separar o grupo em subgrupos, montar um conjunto para cada subgrupo.

Visão de um povo sobre as origens da vida

Molde

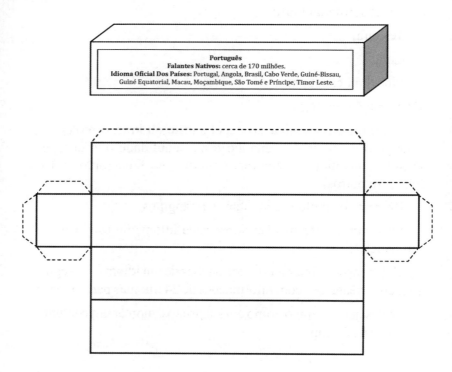

218

"Todo o mundo se servia de uma mesma língua" (Gn 11,1)

Informações sobre alguns idiomas

Português
Falantes Nativos: cerca de 170 milhões.
Idioma Oficial Dos Países: Portugal, Angola, Brasil, Cabo Verde, Guiné-Bissau, Guiné Equatorial, Macau, Moçambique, São Tomé e Príncipe, Timor Leste.

Mandarim (Chinês)
Falantes Nativos: cerca de 885 milhões.
Idioma Oficial Dos Países: China, Taiwan, Hong Kong, Macau, Singapura.

Espanhol (castelhano)
Falantes Nativos: cerca de 332 milhões.
Idioma Oficial Dos Países: Espanha, Argentina, Bolívia, Chile, Colômbia, Costa Rica, Cuba, República Dominicana, Equador, El Salvador, Guiné Equatorial, Filipinas, México, Nicarágua, Panamá, Paraguai, Peru, Uruguai, Venezuela.

Inglês
Falantes Nativos: cerca de 189 milhões.
Idioma Oficial Dos Países: Reino Unido, Estados Unidos, Canadá, Austrália, Nigéria, Irlanda, África do Sul e Nova Zelândia

Hindi
Falantes Nativos: cerca de 182 milhões.
Idioma Oficial Dos Países: Índia, Nepal.

Árabe
Falantes Nativos: cerca de 250 milhões
Idioma Oficial Dos Países: Egito, Argélia, Barein, Djibuti, Dubai, Iraque, Jordânia, Comores, Catar, Kuweit, Líbano, Líbia, Marrocos, Mauritânia, Omã, Territórios Palestinos, Arábia Saudita, Somália, Sudão, Síria, Chade, Tunísia, Emirados Árabes Unidos e Saara Ocidental.

Bengali
Falantes Nativos: cerca de 189 milhões
Idioma Oficial Dos Países: Bangladesh, Índia, Singapura.

Russo
Falantes Nativos: cerca de 170 milhões
Idioma Oficial Dos Países: Rússia, Azerbaijão, Armênia, Ucrânia, Uzbequistão, Estônia, Cazaquistão, Quirguistão, Geórgia, Turquemenistão, Bielorrússia, Moldávia, Letônia, Lituânia.

Visão de um povo sobre as origens da vida

Japonês
Falantes Nativos: cerca de 125 milhões.
Idioma Oficial Do País: Japão.

Alemão
Falantes Nativos: cerca de 98 milhões.
Idioma Oficial Dos Países: Alemanha, Áustria, Bélgica, Cazaquistão, Liechtenstein,
Luxemburgo, Suíça, Bruxelas.

Coreano
Falantes Nativos: cerca de 78 milhões.
Idioma Oficial Dos Países: Coreia do Norte, Coreia do Sul.

Francês
Falantes Nativos: cerca de 72 milhões.
Idioma Oficial Dos Países: França, Benin, Burkina Faso, República do Congo, Costa do Marfim,
Córsega, Guyana, St-Pierre e Miquelon, Guadeloupe, Martinica, Reunião, Mayotte, Polinésia Francesa,
Nova Calédonia, Wallis et Futuna, Gabão, Guinée, Mali, Senegal, Togo, Mônaco, Niger.

Turco
Falantes Nativos: cerca de 59 milhões
Idioma Oficial Dos Países: Turquia, Chipre.

Ucraniano
Falantes Nativos: cerca de 41 milhões
Idioma Oficial Do País: Ucrânia.

Italiano
Falantes Nativos: cerca de 37 milhões.
Idioma Oficial Do Países: Itália, São Marino, Suíça, Vaticano.

Romeno
Falantes Nativos: cerca de 28 milhões.
Idioma Oficial Do Países: Roménia, Moldávia.

"Todo o mundo se servia de uma mesma língua" (Gn 11,1)

Tailandês
Falantes Nativos: cerca de 20 milhões):
Idioma Oficial Do País: Tailândia.

Holandês (Neerlandesa)
Falantes Nativos: cerca de 20 milhões
Idioma Oficial Do Países: Holanda, Bélgica, Países Baixos, Suriname.

Grego
Falantes Nativos: cerca de 70 milhões.
Idioma Oficial Do Países: Grécia, Chipre.

Tcheco
Falantes Nativos: cerca de 10,6 milhões de pessoas.
Idioma Oficial Do País: República Tcheca

Sueco
Falantes Nativos: cerca de 9 milhões de pessoas.
Idioma Oficial Do Países: Suécia, Finlândia.

Croata
Falantes Nativos: cerca de 21 milhões de pessoas
Idioma Oficial Do Países: Croácia, Bósnia, Herzegovina.

Hebraica
Falantes Nativos: 10 milhões de pessoas
Idioma Oficial Do Países: Israel

Polaca
Falantes Nativos: 60 milhões de pessoas.
Idioma Oficial Do Países: Polônia

Participantes: duas ou mais crianças

Como jogar

Juntar três retângulos um ao lado do outro para formar a base;

Colocar na fileira acima da base, mais três retângulos um ao lado do outro em sentido contrário ao da base. Repetir este processo até que sejam utilizados todos os retângulos e se forme uma torre como mostram as setas na figura abaixo;

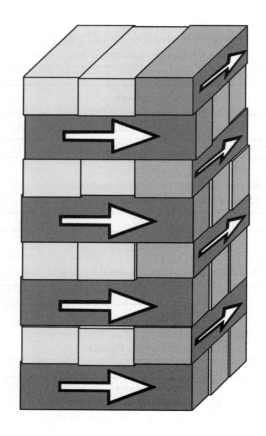

"Todo o mundo se servia de uma mesma língua" (Gn 11,1)

Definir com as crianças a ordem das jogadas;

Na ordem definida, cada criança terá que retirar um retângulo sem deixar a torre cair. (Veja no modelo abaixo).

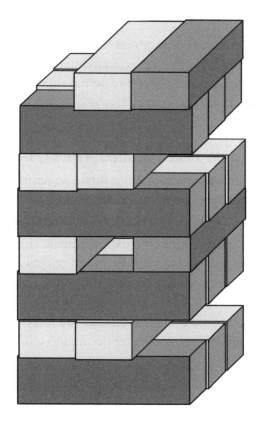

Ao retirar o retângulo, a criança lerá em voz alta para as demais do grupo o idioma que retirou e suas informações;

E assim seguirá até que a torre não fique mais em pé;

Avaliação da experiência

O que vocês sentiram ao participar desta atividade?

Você já tinha ouvido falar de todos esses idiomas?

Visão de um povo sobre as origens da vida

Quais desses idiomas e países podem ser considerados dominados? Vivenciamos isso em nosso país?

4) Momento celebrativo

A educadora ou o educador da fé ajuda as crianças a fazerem a sua síntese da experiência vivida mediante o reconto bíblico, o cultivo de uma atitude coerente com os apelos da Palavra de Deus e a interiorização para rezar e celebrar a vivência feita no encontro.

a) Reconto do texto bíblico: Gn 11,1-9

Os seres humanos migraram e foram se aprimorando. Aprimoraram tanto, que se comunicavam em mais de 3 mil idiomas!

Tinham moeda, banco e uma mesma Assembleia mundial. Mas Babel – que era um reino extremamente rico e poderoso – queria que as pessoas do mundo inteiro adotassem uma única língua, raça, crença, cultura, economia, política e nacionalidade. Além disso, convenceram a humanidade a adotar, também, uma mesma construção da "Aldeia Global" que, além de unir tudo e todos em um só, prometia fazer do mundo um lugar de paz.

Os diversos povos e países aliados trabalhavam nesta construção. Os tijolos da "Aldeia Global" estavam sendo empilhados pela tecnologia e prosperidade (e também pelo lucro!). O Babel'states dizia: "Podemos fazer tudo! Agora somos um único império e nação. Nenhum desígnio será irrealizável para nós"!

De repente, nas manhãs de 1914, 1936, 1939, 1959, 1990, 2001... a "Aldeia Global" não só foi desmanchada, como sucessivas guerras e conflitos ocasionaram um grande dilúvio de sangue humano, que inundou a Terra. Assim, acabou a construção da

"Aldeia Global" e todos os povos já não se entediam mais. Por várias vezes, a discórdia fez com que as palavras usadas fossem vertidas em balas, explosões, atentados e bombas atômicas.[3]

A ideia principal da "Aldeia Global" seria a plenitude e unidade humana, por seus próprios méritos, e sem a presença de Deus! Será que a verdadeira "unidade" não está na multiplicidade de línguas, idiomas, povos, raças, culturas, crenças, saberes, conhecimentos que conferem à humanidade a grande possibilidade de contínua transformação?

b) Atitude de vida

A educadora ou o educador da fé convida as crianças para trazerem para a sua vida e sua prática o ensinamento do texto bíblico. Vamos partilhar o aprendizado de hoje (Pausa).

Nele o autor bíblico fez uma crítica aos homens poderosos que têm a convicção de que tudo podem comprar com o dinheiro. Pensam que podem invadir até o céu; ledo engano! São finitos, limitados, não capazes de fazer tudo o que pensam e querem. Deus está acima deles. Vamos pensar no que não aceitamos em nós, na família, na escola, na sociedade? Em que eu posso colaborar para melhorar? (Pausa).

c) Interiorização

A educadora ou o educador da fé convida as crianças a fazerem uma oração espontânea sobre o aprendizado do dia hoje. Ou escolher o Salmo 34, que é um louvor à justiça divina.

Música para finalizar: Torre de Babel – Pe Zezinho,[4] ou outra à escolha.

---

[3] Disponível em <http://www.zaz.com.br/voltaire/artigos/babel2.htm>. Acesso em: 13 de jun. 2018.

[4] OLIVEIRA, José Fernandes de (Pe. Zezinho scj). *Qualquer coisa de novo.* op, cit. Faixa: 08.

10.
Abraão é uma benção para a humanidade (Gn 12,1-9)

A narrativa sobre Abraão é de importância fundamental para o povo de Israel. Ela dá origem à história de um povo que se crê chamado e escolhido por Deus de uma terra distante, e com quem ele concluiu uma aliança, prometendo-lhe uma terra para a qual o conduziu: Canaã. Ele é chamado a ser uma bênção e por meio dele todos os clãs da terra serão abençoados.

Um olhar panorâmico sobre a vida do Patriarca

Nos capítulos 11,10–25,10 são lidas as narrativas sobre o ciclo de Abraão, onde diversos autores se misturam e vão complementando a história do Patriarca. Segundo as narrativas iniciais sobre ele, Abraão rompe com os laços do povo caldeu de Ur, na Mesopotâmia. Ele parte para uma terra desconhecida com sua esposa estéril (Gn 11,30), porque Deus o chamou e lhe prometeu uma descendência. Ele deixa tudo e todos, parte sem saber para onde, mas acredita naquele que o chamou e realizará a promessa de lhe dar uma terra, um grande nome e uma grande posteridade, como a areia do mar.

Deus renova essa promessa diante da reclamação de Abraão, porque Deus ainda não a havia realizado. Ele o chamou à parte e lhe disse: "Ergue os olhos para o céu e conta as estrelas, se as podes contar", e acrescentou: "Assim será a tua posteridade" (Gn 15,5). Abraão creu no Senhor e lhe foi tido em conta de justiça.

Visão de um povo sobre as origens da vida

Olhando sob o ponto de vista humano é impossível aceitá-la, mas ele acredita no seu coração e se submete a esta promessa, e isto o torna agradável a Deus. Daí em diante a fé orienta a conduta do Patriarca.

Deus provou a fé de Abraão

Deus foi preparando o seu servo Abraão e chegou a prová-lo de forma radical, conforme fala a Bíblia: Deus pôs Abraão à prova e lhe disse: "Abraão!". Ele respondeu: "Eis-me aqui!". Deus disse: "Toma teu filho, teu único, que amas, Isaac, e vai à terra de Moriá, e lá o oferecerás em holocausto sobre uma montanha que eu te indicarei". Diz o texto que Abraão se levantou cedo, selou o jumento, rachou a lenha, tomou consigo dois servos e mais Isaac, seu filho, e subiram ao monte Moriá.

Enquanto subiam a montanha, o filho perguntou ao pai onde estava a vítima para o holocausto. Sem dúvida esta pergunta crucial ressoou no coração de um pai que depositara nele a esperança da sua descendência, mas ao mesmo tempo a sábia resposta de Abraão de que Deus providenciaria, deu alento ao seu coração. Todo o ritual de erguer o altar, juntar a lenha e colocar sobre ela o filho, tomar uma faca para sacrificá-lo trouxe-lhe um grande sofrimento e provação. A Deus interessava a fé de Abraão e não o sacrifício do seu filho, pois ele é o Deus da vida e não da morte.

A narrativa fala que Deus realizou a profecia, providenciando a vítima. É a fé do Patriarca que triunfa: "Agora sei que temes a Deus: tu não me recusaste o teu filho único" (cf. Gn 22,1-19). O simbolismo da faca erguida sobre o filho mostra que a vida do Patriarca já havia sido cortada no seu passado, pois foi retirado do meio do seu povo, tendo que sair de sua pátria; e agora sua mão se erguia para cortar o próprio futuro, a descendência.

Este é o segundo grande ato de fé de Abraão, depois que Deus realizou a promessa, dando-lhe um filho, e esse mesmo Deus lhe pede para sacrificá-lo. Mas a Divina Providência veio em socorro, substituindo o filho por um cordeiro. Ao superar a prova, Abraão tornou-se outro. Comprovou sua fidelidade a Deus, entregando-lhe o que tinha de mais precioso, o filho único. Isaac é dom particular de Deus, prova do seu amor onipotente, palavra feita carne e osso. Com esta experiência, Abraão mergulha no mistério de Deus e torna-se o pai do seu povo.

Como teria nascido essa narrativa

Na origem dessa narrativa podem estar ligados dois fatos: o primeiro, é de fundação de um santuário israelita, em que diferentemente dos santuários cananeus, não se ofereciam sacrifícios humanos. Esta narrativa é uma forma de protestar contra a prática que havia nesses santuários.[1] A segunda razão da narrativa é para justificar que, na tradição de Israel, os primogênitos humanos são resgatados, enquanto os primogênitos dos animais são sacrificados ao Senhor e as primícias dos frutos da terra eram-lhe oferecidas (cf. Ex 13,11-13). Todos os primogênitos e as primícias da terra pertenciam a Deus. Os profetas tinham o apoio das leis de Israel,[2] para abominarem os sacrifícios humanos.[3]

A presença do Senhor é constante na vida de Abraão, a ponto de tornar-se referência e decisão na sua vida. Por meio dele, a bênção de Deus chega a todos os povos: *"Farei de ti um grande*

---

[1] Infelizmente esta prática chegou a introduzir-se em Israel, de modo especial em Jerusalém, no incinerador do vale de Ben-Enom, conhecido como Geena: 2Rs 16,3; 21,6; 23,10; Ez 16,20-21; Jr 19,5-6; 33,35.

[2] Lv 18,21; Jr 7,31; 19,5-6.

[3] Mesmo que um dia, em meio à tradição de Israel, na qual nasceu a tradição cristã, chegará o dia em que Deus aceitará o sacrifício humano, como expressão de seu amor ao ser humano para resgatá-lo por meio da Paixão, Morte e Ressurreição de Jesus. Por amor, o Pai não reserva para si o seu único Filho para entregá-lo pela salvação do mundo (Jo 3,16; Rm 8,32).

Visão de um povo sobre as origens da vida

povo, te abençoarei, tornarei famoso o teu nome, que servirá de bênção" (Gn 12,2). E as pessoas ao reconhecerem o bendito de Deus, tornar-se-ão credores da bênção divina.

Sê uma bênção!

Deus havia abençoado a obra da criação: os animais terrestres, alados e os que povoam os mares (Gn 1,22), abençoou a mulher e o homem ao criá-los (Gn 1,28) e, por último, abençoou e santificou o sétimo dia, o sábado (Gn 2,3). Esta foi a bênção dada na criação. Abençoou a nova criação com Noé (Gn 9,1). É a Palavra de Deus que é a força geradora da vida, e ele a renova com Noé. E agora ela se torna um imperativo na vida de Abraão: "Sê uma bênção!"[4]

O Patriarca pode contar com a presença do Senhor, fonte de toda a bênção e torna-se um ponto de referência, ponto de decisão: *"Abençoarei os que te abençoarem, amaldiçoarei os que te amaldiçoarem. Por ti serão benditos todos os clãs da terra"* (Gn 12,3). Os homens, ao bendizer Abraão, reconhecendo-o bendito de Deus, tornar-se-ão credores da bênção divina: "... se jurares pela vida do Senhor, na verdade, no direito, na justiça, então se abençoarão nele as nações e nele se glorificarão" (Jr 4,2). Ele se torna o canal da bênção para todos.

Se os clãs da terra reconhecerem Abraão, estarão, ao mesmo tempo, reconhecendo o Senhor que o abençoou, e nele, também eles, serão abençoados. A bênção é uma força que emana de Deus e leva felicidade e bênção ao ser humano, de modo especial ao justo que retrata na sua prática, salvando as suas proporções, o agir divino. Ela compreende também a ideia de saudação, augúrio, agradecimento, louvor. Enquanto a maldição serve

---

[4] SHARBERT J. brk – beraka. In. *Grande Lessico dell'Antico Testamento*. v.1. Brescia: Paideia, 1988, p.1645-1712.

Abraão é uma benção para a humanidade (Gn 12,1-9)

para desunir, separar a pessoa, recusando-lhe a solidariedade, sobretudo quando lesa gravemente os princípios éticos do clã. Tanto a bênção quanto a maldição são revogáveis.

A bênção dos pais e responsáveis

Tanto o substantivo bênção quanto o verbo abençoar são forças portadoras de fortuna e formam uma unidade semântica indissolúvel; e o abençoado é, ao mesmo tempo, louvado em suas palavras e cumulado de força e de bênção, nos diversos contextos existenciais ou *"Sitz im Leben"*. No âmbito familiar, os pais ou responsáveis abençoam os filhos, de modo especial no casamento (Gn 24,60; Tb 7,13), antes de viajarem (Gn 28,6; 32,1), na iminência da morte (Gn 27; 49). Também se abraçam o chefe de família com os trabalhadores (Rt 2,4). Essa era uma prática comum nas famílias patriarcais.

Entre os antigos, o *"Sitz im Leben"* no caso da maldição era constituído pelo direito da lei, como forma de ameaça, para impedir o furto, a apropriação indevida, e para tutelar o juramento e o testemunho. No caso da bênção não havia um uso semelhante, no sentido de induzir à honestidade ou à sinceridade do testemunho.

A bênção dada a pessoas

A bênção era o meio mais adequado para expressar o reconhecimento e a consideração a uma pessoa ou a Deus, por um serviço ou favor concedido. E mais tarde tornou-se uma fórmula cultual de louvor ao Senhor, como se lê no livro de Daniel, Judite, Tobias e Macabeus, quando o *"Sitz im Leben"* na fórmula *"Baruk"* – abençoado refere-se ao próprio Deus, a quem o ser humano se dirige. Ele se torna reconhecido por algum acontecimento e esse contexto específico não necessariamente é o culto. Não há também a possibilidade de separar a ação salvífica de Deus da bênção, por meio da qual ele suscita as forças portadoras de fortuna.

231

A bênção e a maldição sobre a história

Os autores bíblicos interpretaram sob o prisma da bênção e maldição não somente a história dos clãs e das tribos de Israel, mas também a história de toda a humanidade. Tanto Israel como a humanidade estão sob o jogo da bênção e da maldição. O ponto alto está na promessa de Deus a Abraão: *"Eu farei de ti um grande povo, eu te abençoarei, engrandecerei teu nome; sê uma bênção! Abençoarei os que te abençoarem, amaldiçoarei os que te amaldiçoarem. Por ti serão benditos todos os clãs da terra"* (Gn 12,2-3).

A bênção vem de Deus. Nasce o *"Sitz im Leben"* cultual, no tempo dos reis Davi e Salomão em momentos especiais como no translado da arca da aliança (1Rs 8), na consagração do templo. Ainda no tempo da monarquia, os sacerdotes abençoavam o povo reunido, tornando-se um hábito regular nas liturgias. A bênção das coisas é rara no Primeiro Testamento (1Sm 9,13).

Concluindo

Abraão percorreu um longo caminho seguindo um chamado que é claro para ele, mas tinha consciência de que Deus o conduziria para a terra onde pudesse construir a sua descendência, receber a terra para os seus descendentes e tornar-se um grande nome, mas por iniciativa divina. A ele caberia fé e colaboração caminhando em direção ao projeto de Deus para sua vida e o seu povo.

Ao mesmo tempo que ele faz este caminho pelas estradas de Ur dos Caldeus até Canaã, Abraão fez também um caminho interior, despojando-se de suas seguranças e do seu conforto, da terra, dos seus parentes, dos amigos. Ele pôs o pé na estrada e abandonou-se nas mãos de Deus e foi respondendo aos seus apelos. Abraão deixou-se conduzir, acreditando que o seu sim era uma bênção não só para Israel, mas para toda a humanidade.

Há quem vê essa peregrinação do patriarca dentro de um fluxo migratório da época. Mas o que importa é que ele percebe a sua saída como um chamado de Deus que o conduz a realizar o projeto em favor de seu povo. E isso lhe exigiu confiança, entrega, coragem e decisão. E deste modo tornou-se uma bênção para todos os povos.

9º Tema:

"Sai da tua terra... e vai para a terra que eu te mostrarei... Eu te abençoarei. Sê uma bênção!" (Gn 12,1-2)

1) Sensibilização

A educadora ou o educador *da fé* dá as boas-vindas às crianças, chamando-as pelo nome e dirigindo-lhes uma palavra de estímulo por terem vindo, demonstrando assim o desejo de conhecer mais a Palavra de Deus, para viver cada vez melhor. Depois faz com elas a memória sobre o que foi estudado desde o primeiro encontro (Pausa para fazer a memória). Suscitar curiosidade sobre o pai da fé do povo da Bíblia. Vocês sabem quem é? (Pausa). Conhecem o seu nome? (Pausa). Abraão. Quem nunca tinha ouvido falar nele? Aqueles que já ouviram o que se lembram dele? (Pausa). Vamos homenageá-lo cantando um canto sobre Abraão? Quem conhece algum?

Música: "Sai da tua terra"[1] ou outra à escolha.

2) Diálogo interativo

A educadora ou o educador da fé convida as crianças a prestarem bastante atenção sobre o que vai ser lido sobre Abraão. Depois, algum/a de vocês pode recontar para nós, com suas palavras o que foi lido. Ou podem ser formados dois grupos para reconstruírem oralmente a narrativa em grupo. E, em seguida,

---

[1] FEBER, Ludmila. *Menina dos olhos de Deus*. Santo Bueno (GO): Ministério Ouvir e Crer, 2001. CD. Faixa: 10.

Visão de um povo sobre as origens da vida

se achar oportuno, pedir ao grupo para montar a partir do texto um teatro, com os personagens vestidos a rigor, envolvendo a participação de todos os membros do grupo. Pode criar o seu texto, baseando-se no texto bíblico.

a) Leitura do texto bíblico: Gn 12,1-9

A educadora ou o educador distribui a função que cada participante vai desempenhar na leitura do texto: Narrador/a; Leitor/a; Deus. O texto que vai ser lido é o chamado de Deus a Abraão. Ele escutou e atendeu o pedido de Deus sem fazer-lhe nenhuma pergunta e saiu da sua terra, mesmo sem saber para onde ir. Vamos escutar com atenção!

Narrador/a: [12,1]O Senhor Deus disse a Abraão:

Deus: Sai da tua terra, da tua parentela e da casa de teu pai, para a terra que te mostrarei. [2]Eu farei de ti um grande povo, eu te abençoarei, engrandecerei teu nome; sê uma bênção!

[3]Abençoarei os que te abençoarem, amaldiçoarei os que te amaldiçoarem. Por ti serão benditos todos os clãs da terra.

Narrador/a I: [4]Abrão partiu, como lhe disse o Senhor, e Ló partiu com ele. Abrão tinha setenta e cinco anos quando deixou Harã. [5]Abrão tomou sua mulher Sarai, seu sobrinho Ló, todos os bens que tinham reunido e o pessoal que tinham adquirido em Harã; partiram para a terra de Canaã, e aí chegaram.

Narrador/a II: [6]Abrãao atravessou a terra até o lugar santo de Siquém, no Carvalho de Moré. Nesse tempo os cananeus habitavam nesta terra. [7]O Senhor apareceu a Abrão e disse:

Deus: "É à tua descendência que eu darei esta terra".

Narrador/a I: Abrão construiu aí um altar ao Senhor, que lhe aparecera. [8]Daí passou à montanha, a oriente de Betel, e armou sua tenda, tendo Betel a oeste e Hai a leste. Construiu aí um altar ao Senhor e invocou o seu nome. [9]Depois de acampamento em acampamento, foi para o Negueb.

A educadora ou o educador convida as crianças a formarem dois subgrupos, se o grupo for muito grande, para fazerem o levantamento das questões sobre o texto bíblico lido, tendo presente que o tema que vai ser trabalhado é a bênção, e o que se opõe à benção e maldição. Lembre-se de que estas perguntas são apenas sugestões para ajudar na reflexão.

b) Levantamento de questões

Questões sobre a compreensão do texto

Vocês entenderam todas as palavras?

Do que vocês gostaram mais do que foi lido no texto?

Vamos olhar no mapa-múndi ou no globo terrestre onde ficam as cidades: Ur, Harã, Canaã, Siquém, Betel, Hai, Negueb.

Questões sobre o conteúdo do texto

O que Deus vai fazer de Abraão? (v. 2)

O que será que Deus quis dizer quando disse a Abraão para ser uma bênção?

Por que será que Deus vai abençoar os que abençoam a Abraão, e vai amaldiçoar os que o amaldiçoam?

Quem Abraão levou quando partiu de Harã?

O que Deus deu à descendência de Abraão?

Questões atuais sobre o tema da bênção

O que você considera bênção em sua vida?

Quando você é bênção para a sua família, para os/as seus/suas colegas, para as pessoas?

O que significa abençoar?

Você já recebeu uma bênção de alguém?

Como você se sentiu quando recebeu a bênção?

O que é o contrário da bênção?

Visão de um povo sobre as origens da vida

Você já ouviu alguém dizer uma maldição contra alguém?

Em caso afirmativo, o que você sentiria se estivesse no lugar da pessoa?

O que você gostaria de ser para os outros?

c) Debate sobre as questões

A educadora ou o educador da fé convida as crianças a formularem suas perguntas sobre o que elas não entenderam sobre o texto. Anotar em um quadro ou papel, e seguir no debate a ordem em que foram feitas ou escolher algumas que o grupo preferir.

3) Espaço para criar

Desenvolvimento das atividades

Atividade I:
O Caminho de Abraão

Objetivos

Refazer com as crianças o caminho percorrido pelo patriarca da nossa fé, Abraão;

Refletir com as crianças sobre as condições precárias da época para a locomoção para obedecer à voz de Deus.

Materiais

Papel sulfite ou kraft;

Tesoura;

Cola;

Pincel ou canetinhas.

Preparação do Jogo

Imprimir ou desenhar o mapa da região da Península Arábica na época de Abraão, conforme o modelo que segue abaixo;

Desenhar ou imprimir várias setas no papel sulfite como o modelo que segue abaixo e recortá-las;

Desenhar círculos para usar como marcadores em uma cor à sua escolha e recortá-los;

Se desejar separar o grupo em subgrupos, montar dois conjuntos, um para cada subgrupo.

Modelo

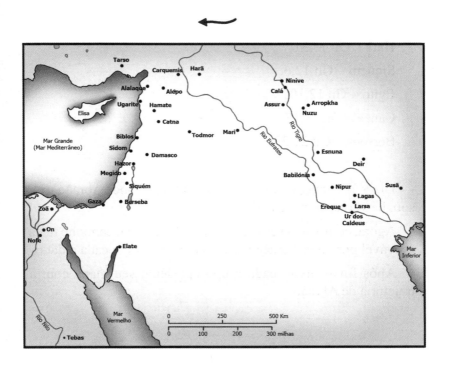

Visão de um povo sobre as origens da vida

Participantes: duas ou mais crianças

Como jogar

Após ler ou recontar o texto bíblico, dar a cada grupo uma cópia do mapa, algumas setas recortadas, marcadores e cola;

Pedir que com os marcadores as crianças marquem no mapa as cidades pelas quais Abraão passou;

Dar alguns minutos para que elas possam fazer a marcação no mapa sem ajuda da Bíblia ou de dicas;

Em seguida, se necessário ajudá-las, fazer a leitura do percurso de Abraão usando os versículos a seguir nesta ordem:

UR – Gn 11,31;

Harã – Gn 11,31;

Siquém – Gn 12,6;

Egito – Gn 12,10;

Canaã – Gn 13,12;

Berseba – Gn 21,29;

Dizer às crianças que, entre as cidades por onde Abraão passou, há várias outras cidades;

Agora, com a ajuda das setas, elas irão recriar o caminho mais provável por onde Abraão passou para chegar em cada cidade;

Após finalizarem, cada grupo apresenta seu mapa com a trajetória de Abraão.

Modelo de como o mapa poderá ficar [2]

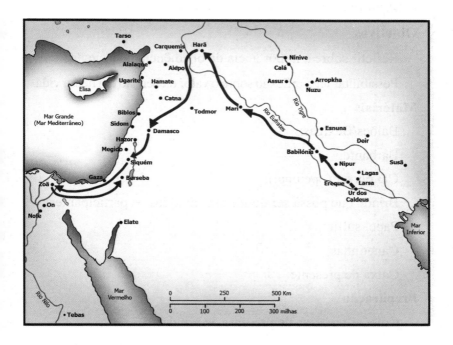

Avaliação da experiência

O que vocês sentiram ao participar desse jogo?

Vocês já tinham ouvido falar de alguma dessas cidades?

Você se lembra de alguma outra história bíblica de cidades por onde passou Abraão?

---

[2] Figura disponível em <http://geografia-biblica.blogspot.com/2010/05/viagens-de-abraao.html>. Acesso em: 28 nov. 2019.

Visão de um povo sobre as origens da vida

Atividade II:
Compreender a orientação e segui-la corretamente[3]

Objetivos

Refletir sobre a importância da obediência consciente;

Possibilitar uma reflexão sobre o valor da bênção em nossa vida.

Materiais

Balões/Bexigas;

Barbante;

CD player (opcional);

Brinde que possa ser dividido com todos os participantes;

Papel sulfite;

Canetinhas;

Caixa de presente.

Preparação

Colocar na caixa de presente os brindes;

Escrever no papel sulfite a seguinte mensagem: *Divida o seu prêmio com todos/as seus/suas colegas;*

Coloque a mensagem dentro da caixa acima dos brindes.

Participantes: cinco ou mais crianças

Como jogar

Dar a cada criança um balão e um pedaço de barbante com cerca de 1 metro.

Pedir que cada uma encha o balão e amarre o barbante nele de forma que fique pendurado.

---

[3] Inspirada na dinâmica *"Não estoure o balão"*. Disponível em <https://escolaeducacao.com.br/dinamicas-com--baloes/>. Acesso em: 22 de out. 2019.

"Sai da tua terra... e vai para a terra que eu te mostrarei...

Pedir que amarrem o balão em algum lugar do corpo, pode ser na cintura ou no tornozelo.

Dizer que cada uma terá que cuidar de seu balão e não deixá-lo estourar, e que aquele que estiver com o balão no final receberá um prêmio.

Colocar uma música; pedir que as crianças caminhem pelo ambiente enquanto a música toca.

Dê alguns minutos para o decorrer da atividade. (É possível que algumas comecem a estourar os balões uma das outras antes de ser solicitado).

Finalizar a dinâmica quando apenas uma delas estiver com o balão sem estourar.

Retornar com as crianças ao círculo.

Retomar o que foi pedido, lembrar que em nenhum momento foi comentado ou falado que deveriam estourar o balão do colega; apenas que cada um teria que cuidar de seu balão e não deixar que o mesmo estourasse.

Dar a caixa com os brindes para a criança que ficou com o balão e dizer que dentro da caixa tem mais uma ordem que ela deverá cumprir.

Ao abri-la lerá a mensagem: *Divida o seu prêmio com todos/ as seus/suas colegas.*

Comentar sobre a questão da obediência e da sua importância na interpretação, como fez Abraão ao obedecer a Deus e fazer sua longa jornada.

Avaliação da experiência

O que vocês sentiram ao participar desse jogo?

Vocês se lembram da orientação dada sobre a atividade? Quem acha que a teria seguido corretamente?

4) Momento celebrativo

A educadora ou o educador convida, neste momento, as crianças a reviverem a experiência do encontro na dimensão de espiritualidade, ou seja, como a reflexão e o aprendizado de hoje pode me levar a viver uma relação de amizade maior com Deus, com as pessoas, consigo mesmo, com a natureza! Se alguma criança reescreveu à sua maneira a narrativa do chamado de Abraão ela pode ler o seu texto, antes do texto que está sendo proposto.

a) Releitura do texto bíblico: Gn 12,1-9

Abraão, o herdeiro das bênçãos e promessas de Deus – bênção e maldição

Abraão era um criador de ovelhas e vivia feliz com sua esposa Sarah. Eles moravam na cidade de Ur, no Oriente Médio. Lá era um lugar muito bonito e bom para se viver!

No entanto, as condições climáticas, a escassez de chuva, e a excessiva industrialização, principalmente a "ganância" dos seres humanos, fez com que a cidade de Ur virasse um deserto. Muitas pessoas, inclusive a família de Abraão, começaram a sofrer pela sede e pela fome.

Abraão ouviu falar do "Coronel Caudilho", que morava em outro país e que empregava muita gente. Só que Coronel tinha uma cultura e regras muito diferentes, pois afinal, ele é quem ditava as regras! Ele dizia: "As pessoas que querem trabalhar em minhas terras não podem se casar, nem serem casadas e muito menos ter filhos".

Abraão recorrendo à sua fé sente-se amparado por Deus, e com sua mulher e familiares parte para a terra desconhecida, na esperança de encontrar um lugar melhor para sua sobrevivência.

Chegando às terras do Coronel, Abraão se apresentou e ofereceu os seus serviços. Ele tinha um bom currículo: sabia administrar, manusear máquinas e, principalmente, cuidar do gado. Também apresentou Sarah, não como sua esposa, mas como sua irmã, pois sabia das regras do Coronel! Abraão dizia: minha irmã Sarah é muito prendada... O Coronel se interessou pelos serviços de Abraão e de Sarah.

Por causa de Sarah, Abraão teve privilégios e assumiu muitos cargos de confiança. Só que o Coronel achou Sarah muito bonita e a tomou como mulher de sua casa!

Depois de certo tempo, todos os empreendimentos do Coronel Caudilho estavam piorando. Ele pensava: "Depois que Abraão e sua irmã Sarah começaram a trabalhar em minhas terras, tudo está fracassando! Deve ser um castigo...".

Foi quando o Coronel Caudilho soube que Sarah era esposa de Abraão. Como os empreendimentos estavam ruins, o Coronel resolveu demitir Abraão e Sarah de suas terras. Apesar de tudo, o Coronel reconheceu a serventia de ambos. Deu uma quantia de dinheiro e os mandou embora.

Quais serão os motivos reais que fazem com que os seres humanos morram, ou deixem suas terras, valores, culturas, famílias em busca de sua sobrevivência?

b) Atitude de vida

A educadora ou o educador da fé convida as crianças a colocarem diante do grupo a atividade que realizaram e partilham com o grupo a experiência vivida. Se gostaram, as dificuldades que encontraram e qual pergunta chamou sua atenção no diálogo interativo. O que nós podemos fazer para melhorar e ser uma bênção para mim, para os outros, para Deus e para a natureza? Como você reage diante de uma ordem que lhe agrada?

c) Interiorização

A educadora ou o educador convida as crianças a rezarem, falarem com Deus sobre aquilo que cada uma e cada um gostaria de falar com Deus depois desse encontro! Alguém gostaria de fazer uma oração espontânea para agradecer a Deus, ou para pedir a bênção de Deus? (Pausa).

Música para finalizar: "Sai da tua terra"[4] ou outra à escolha.

---

[4] FEBER, Ludmila. *Menina dos olhos de Deus*. op, cit. Faixa: 10.

Conclusão

Os dez capítulos do livro *"Visão de um povo sobre as origens da vida"* teve como fio condutor a ação de Deus na origem da vida sobre o planeta Terra. A Psicopedagogia das Idades, na segunda infância, quis ajudar a educadora ou o educador da fé a acompanhar de forma adequada e responsável a criança no seu processo de amadurecimento da fé, por meio do estudo bíblico.

Para atender a esse crescimento na fé propõe-se uma metodologia dinâmica, envolvente e participativa em que as crianças construíssem o seu saber bíblico por meio de debates, das atividades, da reflexão, que as desafiam a pensar, debater, dialogar com as/os colegas e a apropriarem-se do conhecimento da Palavra de Deus.

O conteúdo bíblico de Gênesis 1,1–12,9 foi preparado para a educadora ou o educador da fé o estudasse e assimilasse, e no momento de trabalhar o tema pudesse orientar as atividades, ficando atenta/o aos comentários das crianças, para adverti-las se necessário, dizendo-lhes: E não poderia ser assim? Aproveita o momento para dar o novo enfoque, caso a leitura e interpretação dada por ela reproduzir uma visão errônea do texto bíblico, porque assim o aprendeu com os adultos.

Nestas narrativas do autor bíblico de Gênesis 1 a 12, faz uma teologia da história de Deus com o seu povo, que iniciou com a criação da vida vegetal, mineral, animal e humana. O desenvolvimento humano se sucedeu de forma genealógica a partir do primeiro casal, que rompeu a aliança, recebeu o castigo e foi expulso do paraíso, vive o conflito entre "irmãos",

Visão de um povo sobre as origens da vida

cresce a maldade até chegar o dilúvio, que arrasou, com toda a forma de vida, Deus renova a aliança com Noé, fazendo uma nova criação por meio de seus filhos. Com a narrativa da Torre de Babel, novamente o ser humano mostra sua prepotência de querer prescindir de Deus. Chega Abraão que resgata a história e torna-se uma bênção para a humanidade!

Bibliografia da psicopedagogia das idades

ACOFOREC (Associação Colombiana para a Formação Religiosa Católica). *O potencial religioso da criança*. São Paulo: Paulinas, 2008. (Coleção Deus e a Criança, vol. 1).

ANDRADE, Rosamaria Calaes de. Colaboradores: OLIVEIRA, de Laice Calaes; OLIVEIRA, Maria da Conceição de. *Ética, Religiosidade e Cidadania:* Subsídios psicopedagógicos para professores. Belo Horizonte (MG): Editora Lê, 1997.

CALANDRO, Eduardo; LEDO, Jordélio. *Psicopedagogia Catequética*: reflexões e vivências para a catequese conforme as idades. São Paulo: Paulus, 2010. (Coleção: Catequese, conforme as idades, vol. 1).

CARVALHO, Alysson; SALLES, Fátima; GUIMARÃES, Marília (Orgs.) *Adolescência*. Belo Horizonte (MG): Editora UFMG, 2002.

COLL, César; MARCESI, Álvaro; PALÁCIOS, Jesús. *Desenvolvimento Psicológico e Educação:* Psicologia Evolutiva. 2. ed. Porto Alegre (RS): Editora ARTMED, 2004.

COSTA, Antônio Carlos Gomes da; COSTA, Alfredo Carlos Gomes da; PIMENTEL, Antônio de Pádua Gomes. *Educação e Vida:* um guia para o adolescente. Belo Horizonte: Modus Faciendi, 1998.

GRIFFA, Maria Cristina; MORENO, José Eduardo. *Chaves para a Psicologia do Desenvolvimento:* Adolescência, Vida Adulta, Velhice. (Trad.: Vera Vaccari). São Paulo: Paulinas, 2011.

KALINA, Eduardo. *Psicoterapia de Adolescentes*: Teoria, Técnica e casos clínicos. 3. ed. Rio de Janeiro: Editora: Francisco Alves, 1979.

KOEPLE, Herman. *A Criança aos 9 anos:* a queda do paraíso. (Trad.: Célia T. Bottura). São Paulo: Editora Antroposófica, 2014.

LIEVEGOED, Bernard. *Desvendando o crescimento:* as fases evolutivas da infância e da adolescência. (Trad.: Rudolf Lanz). São Paulo: Editora Antroposófica, 2007.

MANDEL, Sylvia J. Hamburger. *Filosofia para Crianças*: "Educar para Pensar". (Trad.: e Adap.: Ronal Reed). São Paulo: Centro Brasileiro de Filosofia para Crianças, 2002.

MENDES, Gildasio. *Geração NET*: Relacionamento, Espiritualidade, Vida profissional. São Paulo: Paulinas, 2012. (Coleção Pastoral da Comunicação: Teoria e Prática).

NOVAES, Regina; VANNUCHI, Paulo (Orgs.) Juventude e Sociedade: Instituto "Cidadania". São Paulo: Editora da Fundação Perseu Bramo, 2007.

PALMONARI, Augusto. *Os adolescentes*: nem adulto, nem crianças: seres à procura de uma identidade própria. (Trad.: Antonio Efro Feltrin). São Paulo: Paulinas/Edições Loyola, 2004. (Coleção para saber mais, vol. 12).

SABINO, Simone. *Adolescer é aborrecer?* Uma abordagem sobre a raiva e a agressividade. São Paulo: Paulinas, 1999. (Coleção: Adolescer).

Bibliografia Bíblica

ARANA, André Ibañez. *Para compreender o livro de Gênesis.* São Paulo: Paulinas, 2003.

BÍBLIA DE JERUSALÉM. 4. Impressão. São Paulo: Paulus, 2002.

BÍBLIA DO PEREGRINO. (Trad.: Línguas originais e comentários de Luís Alonso Schökel). São Paulo: Paulus, 2006.

BÍBLIA TRADUÇÃO ECUMÊNICA (TEB). São Paulo: Edições Loyola, 1994.

CHOURAQUI, Andre. *No princípio, Gênesis.* (Trad. Carlito Azevedo). Rio de Janeiro: Imago, 1995.

EMMANELLE-MARIE. *Dilatare la vida.* Padova: Edizioni Messagero, 2007.

GIMOSA, M. *Gênesis 1-11 a humanidade na sua origem.* São Paulo: Paulinas, 1987.

KINDNER, Derek. *Gênesis:* Introdução e Comentário. São Paulo: Vida Nova, 1979.

KRAUSS, Henrich; KÜCHLER, Max. *As Origens:* um estudo de Gênesis 1-11. São Paulo: Paulinas, 2007.

LURKER, Manfred. *Dizionario delle Immagini e dei simboli Biblici.* Torino (Itália): Edizione Paoline, 1989.

MONLOUBOU, L.; DU BUIT F. M. *Dizionario Biblico Storico/Critico.* Roma: Borla, 1987.

PEINADO, Frederico Lara. *Gênesis.* Valladolid (Espanha): Editorial Trotta, 1994.

PONTIFÍCIA COMISSÃO BÍBLICA. *A Interpretação da Bíblia na Igreja.* São Paulo: Paulinas, 1994.

SCQUIZZATO, Paolo. *Come un principio:* Riflessioni sil libro della Genesi. Torino: Effetá Editrice, 2014.

VAN DETH, Odile. *Dio non é piú lo stesso, il perdono.* Roma: Edizioni la Meridiana, 2018.

Visão de um povo sobre as origens da vida

VVAA. *A Criação e o Dilúvio, segundo os textos do Oriente Médio Antigo.* 2. ed. São Paulo: Paulus, 2005.

VVAA. *Nuovo Dizionario di Teologia Biblica.* Torino: Edizioni Paoline, 1988.

WÉNIN, André. *O Homem Bíblico:* Leituras do Primeiro Testamento. São Paulo: Edições Loyola, 2006. (Coleção: Bíblica Loyola, vol. 49).

Rua Dona Inácia Uchoa, 62
04110-020 – São Paulo – SP (Brasil)
Tel.: (11) 2125-3500
http://www.paulinas.com.br – editora@paulinas.com.br
Telemarketing e SAC: 0800-7010081